Merci

De la part de

....

LES MOTS ANGLAIS LES PLUS UTILISÉS

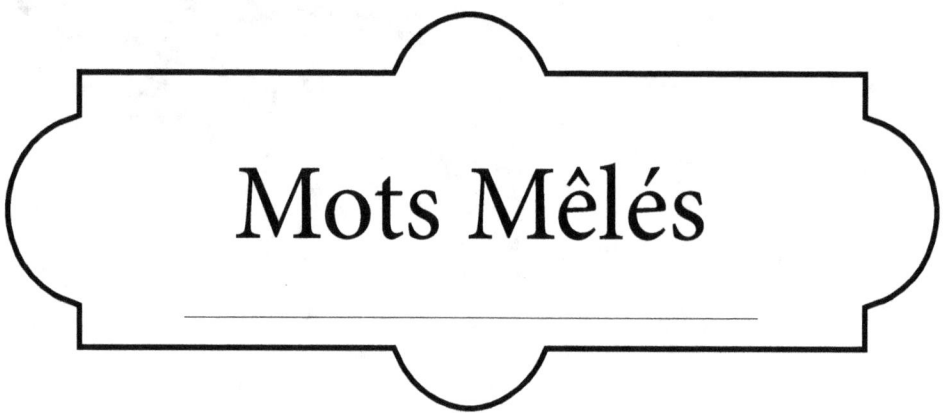

Solutions: P. 58

Tous droits réservés. Aucune partie de cette publication ne peut être reproduite, distribuée ou transmise dans quelque format ou par quelque moyen que ce soit, qu'il s'agisse de photocopie, d'enregistrement ou d'autres méthodes électroniques, sans la permission écrite préalable de l'éditeur et le distributeur.

Couverture conçue en utilisant quelques ressources de Freepik.com

Puzzle #1

```
E M P H A S I Z E A C H A I R
U V R A Y T E I R A V L D L T
S I I R T O N E N S U E E L H
R E A T E F A M O U S V E A E
U W P I I U K U I K E R P B R
P O R S X N N C T C C E S E E
T H O T N D G I A U O S T S X
C H B I A I Y O T L N E A A P
E E A C R R L R C F D D R B L
P A B T G E L O E A A R E V O
X L L R U C A I P C P R P W D
E T Y A E T N N X O O A D O E
T H B I G I I U E N L R B U I
O S I N N O F J B E L T G L T
N T N E M N G I S S A T A D E
```

ANXIETY	CLEAR	EXPECTATION	LUCK	SECOND	TONE
ARGUE	COGNITIVE	EXPLODE	NINE	SIN	TRAIN
ARTISTIC	DATA	FAMOUS	NOTE	SOUND	UNIT
ASSIGNMENT	DESERVE	FINALLY	ONE	SPEED	VARIETY
BASEBALL	DIRECTION	GROCERY	OVER	STAR	VIEW
BELT	DRAFT	HEALTH	PAIR	SUE	WOULD
BIG	EACH	HOW	PALE	THAT	
CAPABLE	EMPHASIZE	JUNIOR	PROBABLY	THERE	
CHAIR	EXPECT	LACK	PURSUE	TIE	

Puzzle #2

```
A L O N G N I R O U T I N E T
D E N O T S I D E O L P E C R
M E S G N O M A P T A R S N E
I F M U L U A U L M S O A E C
R A E Y C O S G I P T U E F N
E I N R S C R H R G X D L R O
P L U A U T E T U E D E E C C
O A M T O S E E N O E Y R O R
H E M N R E S R D O W M N A E
O R O E E S B U Y A C T E V M
L O V M G O E A L A I W L N I
Y I I E N P H O L N S E G R T
D D E L A P I W U L W I O O N
R A C E D U N E H T R N A C A
D R A M A S D Y E L L O W N W
```

ADMIRE	CONTINUED	FAIL	LAWYER	RELEASE	THE
AGREEMENT	CONTROL	FEEL	MENU	RING	TIME
ALONG	CORN	FENCE	MOVIE	ROUTINE	TWELVE
AMONG	DANGEROUS	GIRL	MYSTERY	SAME	WANT
ASIAN	DAUGHTER	GUESS	ODD	STONE	YELLOW
BALL	DIVERSE	HIM	OWE	SUCCEED	
BEHIND	DRAMA	HOLY	POT	SUN	
CAR	DUE	HOPE	PROUD	SUPPOSE	
CLUSTER	ELEMENTARY	IRON	RADIO	SWEAR	
CONCERT	EXPLAIN	LAST	REAL	TEN	

Puzzle #3

```
G R A I N A R R A T I V E I D
R E G A R D E S U C Q P N N W
A S S E C O R P L U U O G O O
Y C I S A B E I I R Y T L I L
T B S M M X N C E T L E I T F
N R U U P I K H U S E N S C E
A E B L C L R A X N R T H I A
N A O A Y C E R O O A I P F T
G D L T L B E T O C B A E Y U
E E L T T E S S E R S L R T R
R P O O E L W H S T R O F F E
P I S R I C E O A E T A O I S
A C T N U S A R E S R P R B I
C E E E Q U R T L C I A M E S
E R P Y E M O S P H E N D R T
```

ATTORNEY	CRAFT	FLOW	ONE	PURE	SIMPLE
BARELY	DARE	GRAIN	PACE	QUICKLY	SOME
BASIC	DIE	GRAY	PAN	QUIETLY	STEP
BEAUTY	END	HER	PAST	RARE	STONE
BOX	ENGLISH	HIP	PERFORM	RECIPE	STORY
BREAD	EXPLODE	LOST	PLEASE	REGARD	SUCCESS
BUS	FEATURE	MIRROR	POTENTIAL	RESIST	SWEAR
CLINICAL	FIBER	MUSCLE	PREGNANT	SETTLE	USED
CONSTRUCT	FICTION	NARRATIVE	PROCESS	SHORT	

5

Puzzle #4

```
S E T T I N G O O D A R K P T
H T L E R U T I N R U F I I I
E O H T N O I S S I M M O C R
E V Y R T D F O U R I E H T E
T Y A N O A D F E I H C A U D
Y E L L O W B A E U H X E R A
A G P P W I N T E R S I I E N
F R S R E H T A R L A S T D N
F E I R E E R A C I C T I N U
A M D S E T D S U S P E C T A
I E U N E Z O D C L I M B T L
R D R O I R P G A N A L Y S T
O A I N S U R A N C E V Y O W
A R N R O B E L B A N E E L E
D T G N I R P S U B G R A B F
```

AFFAIR	CLIMB	ENABLE	INSURANCE	SHEET	TRADE
ANALYST	COMMISSION	EVALUATION	LEAD	SPRING	TRIP
ANNUAL	DARK	FEW	LOST	SUSPECT	UNIT
ARISE	DEEPLY	FLY	PICTURE	TAX	VOTE
BATTLE	DIE	FOUR	PRIOR	TEND	WINTER
BORN	DISPLAY	FURNITURE	RATHER	THEIR	YELLOW
BUS	DOZEN	GANG	RICE	THROW	
CAREER	DURING	GOOD	ROAD	TIE	
CASH	EFFORT	GRAB	SET	TIRED	
CHIEF	EMERGE	HIT	SETTING	TISSUE	

Puzzle #5

```
C H A I N W O V E R O T C O D
R C I N I T I A L L Y B O S S
A U D A D M A C H I N E E C P
Z O S S N U A R T L J D R R O
Y C U S U I I T N R O N O E R
C U O U O D K R E S Y O F A T
N R I R R E S W I R F O P M R
E R R E G M O P T F I M W E A
I I U N K T E S A U L A L D I
C C C G C F U T P S V E L I T
I U T L A M N A E E C E A C E
F L D I B A R G P D A O H A G
F U R S M W A E A R G A P L D
E M U H A E T B N D S E I E U
A N G L E L S E T E D A E H B
```

ADD	COUCH	ELSE	LEARN	PANT	SKI
AIDS	CRAZY	ENGLISH	MACHINE	PATIENT	STAGE
ANGLE	CURIOUS	EPISODE	MAN	PIE	STAR
ASSURE	CURRICULUM	FAIR	MATERIAL	POOL	TIME
BACKGROUND	DAD	FOR	MEDICAL	PORTRAIT	TOWER
BAD	DEBT	HALL	MEDIUM	PROOF	USED
BOSS	DOCTOR	HEAD	MOON	RID	WAVE
BUDGET	DRUG	INITIALLY	MUST	RIFLE	WRAP
CHAIN	EDGE	JOY	OVER	SCOPE	
CHASE	EFFICIENCY	LAW	OWN	SCREAM	

Puzzle #6

```
M E R E L Y S T O M A C H O T
I P I N O I G I L E R A U Q S
A O E P O R D I S C O V E R M
L C E L B I B C Y Y L F R E A
C A E V E N T U A L L Y E Y L
L K C O N K O A E S F A E U L
I I F I C P N M T C H E N B E
E F G O G R E E O S N T I A H
N R D H H O P E M O O A G R S
T E O I T U L S E C I I N M B
N H R M S D I O R C T C E I F
E T I E Y H D P I A C O T L F
T A I N H N E O N B E S I K A
E R I H G W A R G O L S L O T
J C O A S T L P E T E A E E S
```

AIM	CLIENT	FINANCE	LOT	RING	STOMACH
ANALYSIS	COAST	FLY	MERELY	ROPE	TENT
ANYMORE	CODE	HERE	MILK	SEE	THING
ASSOCIATE	COPE	HIRE	OFF	SEEM	TOBACCO
BIBLE	DISCOVER	HOPE	PIE	SHELL	TONE
BIOLOGICAL	DISH	HOT	PROPOSE	SHIT	WHERE
BRIEFLY	ELECTION	IDEAL	PROUD	SMALL	
BUYER	ELITE	JET	RATHER	SQUARE	
CASH	ENGINEER	KNOCK	RELIGION	STAFF	
CLAIM	EVENTUALLY	LIGHT	REMOTE	STATION	

Puzzle #7

```
S T R A N G E K A H S P E N D
U A E C N E R E F N O C O O D
P E Y H I R E T A I N I T I I
M S W U A I O Y F M N H S T S
A H A R T T M O M I E T N A T
C I L C N E U J P R A O T U I
V N Y H I R W O W N I I P L N
H E L E A S Y I C L S T I A C
A C T I M R S E L F I V H V T
B R N E V E R I Y L E P S E Y
I E E E R I M A U E D I R T M
T T C L R A N O N E N Y U S A
A Y E U A F N G C G D A M E I
T P R R A E T E L L E W I B N
S E L L M S D E E B O T H E R
```

ARRANGE	EASY	LIVING	POOR	SHINE	WAY
BEAUTY	EVALUATION	MAD	RECENTLY	SINGLE	WILL
BEST	FOUR	MAIN	RETAIN	SPEND	
BOTHER	FRENCH	MAINTAIN	RETIRE	STRANGE	
CAMPUS	HABITAT	MILLION	RIDE	TELL	
CHURCH	HIM	MOM	SATISFY	TERM	
CONFERENCE	JOY	NONE	SAUCE	THEM	
DEALER	LAWYER	OPINION	SEAT	TYPE	
DISTANCE	LIP	OTHERWISE	SELL	UNCLE	
DISTINCT	LIVE	POEM	SHAKE	VETERAN	

Puzzle #8

```
S T O R Y R E V E K I B O O T
P N E R O M R E H T R U F S R
E E S R E Y A L E L D D I M E
C M P F R I E N D L Y S E C V
I A E U G O L A I D N C L O N
A N C T P Y R A H I T O D M O
L R I H O H F O I T S M Q P C
I U A T I U Y N L E A M U E A
S O L G F E Q S R E P E A T P
T T L N K U V F I L M R R E O
R N Y O I N T E G C P C T B V
Y L E R L S I U M A I I E E E
A L Y W L D N H R E S A R I R
L I L O E D U W T E N L N N T
P H W A R O A T H L E T E G Y
```

ACHIEVEMENT	COMPETE	FURTHERMORE	NEW	SLOW	WRONG
ALLY	CONVERT	FUTURE	ODD	SPECIALIST	
ATHLETE	DIALOGUE	GAS	PAST	STORY	
BEING	DIE	GUN	PHYSICIAN	TERROR	
BIKE	ESPECIALLY	HILL	PLAY	THINK	
BOOT	EVERY	INQUIRY	POVERTY	TOURNAMENT	
BREATH	FAIL	INSIST	QUARTER	TOY	
CAP	FIELD	KILLER	QUOTE	TRY	
CLOSER	FILM	LAYER	RELY	UNIT	
COMMERCIAL	FRIENDLY	MIDDLE	ROLE	WRAP	

Puzzle #9

```
O D D S T A Y T I R O J A M L
R O C K Y L T N A T S N O C A
D E N F O R C E M E N T O P S
I L V C E T U L O S B A G O R
N P R I A H C T N E M M O C E
A I T T L U H U N T I N G T V
R C N S M E D I A E L I T E I
Y N E A E O D I N N C L S G N
S I R L E N V R E C X P A C U
T R K P E M O E O N R I L M K
I P A L W C O H U P C E E L S
C R E A C T T H P L I E A T K
K S R C O U N T R Y C T T S Y
S N B E X I S T P M O R P O E
S C I H T E F F I C I E N T V
```

ABSOLUTE	CONSTANTLY	EXIST	MOVE	SIR	WARN
AGO	COUNTRY	GET	ODDS	SKY	
ANXIETY	DELIVER	HOME	ORDINARY	SMALL	
AUDIENCE	DROP	HONEST	PHONE	SPOT	
BREAK	EFFICIENT	HUNTING	PLASTIC	STAY	
CAP	ELECT	INCREASE	PRINCIPLE	STICK	
CENTURY	ELITE	LESS	PROMPT	TALK	
CHAIR	ENFORCEMENT	MAJORITY	REACT	TIP	
CLUE	ETHICS	MEAN	ROCK	UNIVERSAL	
COMMENT	EXCEPT	MEDIA	SALE	VOTE	

Puzzle #10

```
N T O E M P H A S I S L I C E
A E S N E C I L O O C T E S N
T E R O T A C U D E S Y I A T
I W U V T W O M E A N R H F R
O S W S E T P B R I P G T E A
N C I F R T A T M R U N R T N
A L L D C U N O E O E U O Y C
L O L E N O P T R M B H F A E
H S J K C O N E E H E G M S A
I E E A O E B V E R T U O S S
R B I N D U O A I L T O C E T
E F I L J R G S R E T H T P E
B O O M P O E H E G E T I E R
N C A M P D Y N T F E L I R N
B R I T I S H Y A L P A Y L D
```

AIR	COMFORT	ENTRANCE	LIFE	PER	TEN
ALTHOUGH	CONTRAST	ESSAY	LIST	PLAY	THIRD
BIND	COOL	ETC	LITTLE	PURSUE	THROAT
BOMB	COP	FEW	MEAN	REJECT	TOE
BOND	DESIRE	GRAB	NAKED	ROUGH	WILL
BOOM	EASTERN	HIRE	NATIONAL	SAFETY	
BRITISH	EDUCATOR	HUNGRY	NERVE	SAVE	
CAMP	EMPHASIS	IMPROVEMENT	ONION	SLICE	
CHEF	ENJOY	LET	OUGHT	SWEET	
CLOSE	ENTERPRISE	LICENSE	PAY	TEEN	

Puzzle #11

```
B A B Y T I R O N I M P A C T
E A R N S T E F L E S H N O N
I D F S I P C F A C I T I N E
N N U U T E U E I N S I M C M
G E R M N C D N C E Y A A E T
N F T M E X O S I R L F L R R
A E H I I E R I F E A I A N A
I D E T C E P V F F N N T E P
S N R T S L R E O E A A N D E
A I M P F E U R D R A N E E D
G F O A L I O E O R G C M V A
O N R Y I C F C N R E I B E R
D A E D K L E U A I N A O L T
R E G U L A T E E N C L M O E
Y A W Y N A H W A L Y E B P B
```

AGENCY	CONCERNED	FAITH	LAW	REGULATE
ANALYSIS	DEAD	FIFTEEN	MAIL	RELY
ANIMAL	DEFEND	FINANCIAL	MENTAL	RESPOND
ANYWAY	DEPARTMENT	FIND	MINORITY	ROCK
ASIAN	DEVELOP	FLESH	NICE	SCIENTIST
BABY	DOG	FRUIT	OCEAN	SUMMIT
BEING	DREAM	FUEL	OFFENSIVE	TEEN
BET	EARN	FURTHERMORE	OFFICIAL	TRADE
BOMB	ERROR	HEAR	PRODUCER	
CLUE	EXCEPT	IMPACT	REFERENCE	

Puzzle #12

```
D E P E N D E N T N E T N O C
W T O L O A S T R A I G H T O
O I R P I F I G H T V C E S N
R B C M T R T D E N I L Y A V
C P E I A E A O A S O I T F E
P N A S L H N Q H N L N I K R
U O C I F I E I I E A I L A T
L I R N N S F R T R T C I E N
L T O F I T E E O U I A B R E
T A S A D O I X C L O L A B I
R C S N A R P N Y I N R O C C
A U E T L I A T G A F V E P I
V D N L G C R W N F I F O E F
E E D M E A L R I A H D O T F
L H E L P L A C K N I C E S E
```

ABILITY	CROP	HAIR	KING	PULL	VIOLATION
ACROSS	CROWD	HELP	LACK	ROUTINE	VOTE
AIDE	DEPENDENT	HERO	LINE	SEND	
BITE	DRAW	HEY	MEAL	SEX	
BREAKFAST	EDUCATION	HISTORICAL	MENU	SHIFT	
CANADIAN	EFFICIENT	HOT	NICE	SIMPLE	
CLINICAL	ELECT	ICE	OFFICE	SIT	
CONTENT	FAILURE	INFANT	PAINTING	STEP	
CONVERT	FIGHT	INFLATION	PARTY	STRAIGHT	
CORN	GLAD	IRAQI	PIE	TRAVEL	

Puzzle #13

```
W E I G H T R A N S F E R A D
E C V L N O I T C I R T S E R
L O A A W I T N E S S E M T O
F N T N L E N G T H C A A A T
A O T O O S C I A N L L R N A
R M I I E T Y O A B L O G I R
E I T T X E H T N M L V I M T
I C U O P P S E I O E E N O S
G S D M O I R C R C M R T D I
H H E E S M H O P B U Y E E N
T I L S E P G U T L L O R C I
H P A H L A I P N E A P V L M
E O T A E C H L E G I C I A D
I P O K E T R E V O R N E R A
R C T E F D E P E N D Y W E T
```

ABLE	COUPLE	EXPOSE	PLACE	THEIR
ADMINISTRATOR	DARE	FEEL	POP	TOTAL
ALL	DECLARE	HIGH	PROTEIN	TRANSFER
ANOTHER	DEPEND	HUNGRY	REMAINING	TRIP
ASSISTANCE	DOMINATE	IMPACT	RESTRICTION	WEIGHT
ATTITUDE	ECONOMICS	INTERVIEW	ROLL	WELFARE
BLAME	ECONOMY	LENGTH	SHAKE	WITNESS
BUY	EIGHT	LOVER	SHIP	
CITY	EMOTIONAL	MARGIN	SLAVE	
COAL	EVENT	OVER	STEP	

Puzzle #14

```
C O M P A N Y F S I T A S K Y
H H S U B M I T I A S H C P W
E D A C E D B A L T L U G R O
E E C R H N H E A T L E G I U
K U R Y A E I I D O R A B V L
D R E U L C R A L R I E W A D
S O D L L E T O M N O T E C L
E P O C S I R E I E A O J Y E
V E E M O T A A R Y R W M E E
L A T C N N H F R I L E F G H
E N T O I C T B I O Z R B U T
S E C T M A R I C L A E O H L
R V O G A A L A N E M R O S E
U I M U N C T A N U H C T I P
O G E D R E H O P H E I G H T
```

AGO	CHARACTERIZE	FIT	LABEL	PRIVACY	SUBMIT
ASK	CHEEK	GAIN	LAP	RARELY	TOMATO
ATTACH	COME	GIVEN	LIGHT	REMAIN	TOWER
ATTORNEY	COMPANY	HEEL	LOCATE	ROSE	TREE
AWFUL	CONTINUE	HEIGHT	LUCK	SACRED	WOULD
BEDROOM	CONTROL	HELLO	MOOD	SATISFY	
BOOT	DECADE	HERO	NEAR	SCOPE	
BRAND	EUROPEAN	HUGE	OUR	SKY	
BUT	FAILURE	JEW	OURSELVES	SPECIAL	
CHAIN	FILM	LAB	PITCH	STAIR	

Puzzle #15

```
P I P E V E I L E B O T H E R
R E T S I N I M R U E R I S R
O N A R R O W I P C S E I H E
P O W A E V E R R K S S E X S
O E A G N F M U A G E S N L O
R M Y U L Y O U Y H N A R L R
T O R Y L S M D T F E I A I T
I S O R A K L O F U R S W K Q
O D G G B C P W R G A E E S U
N I E N N Y I N D E W L E H O
I A T A H I R T V N A I F Z T
A S A T R D K O E E U I N A E
R S C U H A T W A N N F P G S
G E O T F E L N A D E T O N I
S T E E L H Y M S O N G I S R
```

AIDS	BRIEFLY	GENETIC	NARROW	SHIT	THEY
ANGRY	BUCK	GRAIN	NOTE	SIGN	TOUR
ANYMORE	CATEGORY	GUY	PIPE	SKILL	VOTE
ASSERT	DOWNTOWN	HEAD	PRAY	SOMEONE	WARN
ASSET	EVER	HYPOTHESIS	PROPORTION	SONG	WING
AWARENESS	FIND	KING	QUOTE	SOURCE	
AWAY	FOLK	LEFT	RESORT	STEEL	
BALL	FREEZE	MAN	RISE	SWING	
BELIEVE	FUND	MINISTER	ROAD	TAP	
BOTHER	GENE	MUTUAL	SEX	THESE	

17

Puzzle #16

```
W O N D E R F U L E A N W O T
O F F I C E X I S T U O E R C
R A L U C I T R A P T I A D E
K T L U C I F F I D H S P E T
S T I A R T R O P Y O A O R O
Y R E V O C S I D L R C N E R
E A G L I A M A T T I C R B P
D C N E A R L Y F N T O E I U
O T I D E E R L I E Y U T F R
S E H O U X G R H R T R S A C
I U T M H E P A S R E Y E U H
P G O O A C W E F U I Y W L A
E N N T N I S L C C N N A T S
C O U N T Y H C A T T A G L E
E T I R W R I T I N G R A N D
```

AGE	DISCOVERY	LAYER	OUR	SUN
ATTACH	DUE	LEAN	OWN	TONGUE
ATTRACT	EAT	MAIL	PARTICULAR	TOWN
AUTHORITY	EPISODE	MODEL	PORTRAIT	WEAPON
CHOICE	EXIST	NEARLY	PROTECT	WESTERN
CLEARLY	EXPECT	NOTE	PURCHASE	WONDERFUL
COUNTY	FAULT	NOTHING	RING	WORKS
CURRENTLY	FEW	OCCASION	SAFETY	WRITE
DEER	FIBER	OFFICE	SHIFT	WRITING
DIFFICULT	GRAND	ORDER	SIN	

Puzzle #17

```
R A P I D I S C I P L I N E A
E X A M I N E T A L U C L A C
D B C L O T H E S U P P O R T
U N I W T Y A S P E C T C E R
C O T R U L Y L R A E M A G E
E I S G T N E N I M O R P A S
C T I N I T I A L M E H I N S
N A S K U D M R O F G T T A A
I R N E S E N A P A J A A M U
V B I D W H Y U K W R P L L C
N E L C A R I M O E E M I F E
O L A D L T D N I W U A Y L P
C E I S M E E T K I D P P A S
K C E N T O T A L L Y K N O W
A T T R A C T I V E Q U A L N
```

ACID	CONVINCE	GUY	METAL	SAY	WIND
ACTRESS	DATE	INITIAL	MIRACLE	SKI	WOUND
ARMY	DISCIPLINE	INSIST	MOM	SLIP	
ASPECT	DUE	JAPANESE	NECK	SUPPORT	
ATTRACTIVE	EARLY	KID	PAN	TOTALLY	
CALCULATE	EAST	KNOW	PATH	TRIBE	
CAP	EQUAL	LAWSUIT	PROMINENT	TRULY	
CAPITAL	EXAMINE	MAKEUP	RAPID	TWIN	
CELEBRATION	FLAG	MANAGER	REDUCE	WEAPON	
CLOTHES	FORM	MEET	SAUCE	WHY	

19

Puzzle #18

```
C O R N O N E I K O O C I T Y
O A N G L E L C N U I N T B E
N T B E T T E R P S T U A L V
T T E L T T I L A E O K L F R
E R M G E O A B R H E A I I U
N A E L R E H A T K M N A N S
T C N A R O C I L C D I N I S
N T T I S T W I Y I M Y E S S
A I I N I H Y D N P T T E H U
N V O O E E A G O I A N H T C
I E N L N E I R L L T P C F S
M C A O H B T A P I R I T I I
O P H C P A U S F O A N A F D
D S P I N Q Y R U B T K W L N
S E T T P R O T O M S R I D E
```

ANGLE	COLONIAL	FITNESS	MALL	POT	UNCLE
ATTRACTIVE	CONTENT	GROW	MENTION	QUALITY	WATCH
BAKE	COOKIE	HEAD	MOTOR	REAL	WITHOUT
BASIC	CORN	HONEY	MUST	RIDE	
BETTER	DISCUSS	HOT	NONE	SET	
BIG	DOMINANT	IMPORTANT	PALE	SHARP	
BURY	END	INITIAL	PARTLY	SPIN	
CABLE	FIFTH	INTERACTION	PICK	START	
CHIP	FINDING	ITALIAN	PINK	SURVEY	
CITY	FINISH	LITTLE	PLATE	TIP	

Puzzle #19

```
W E L L E Y C N E G A B L E
A A R A S S E S S H O C K X M
R C V U B N I A R B K G P Y O
D T H E S O E F A S C L Z R C
H I P I O I L L A M A A E A E
T V R O P T Y G I N R S M M B
I I E P E A T O A C C S O I A
W S G E T M S T U I N F T R T
E T N R X R I L L R N U I P H
E N A A E O S A T T S O O T R
K E N T N F W S R C R C N C O
E M T O I N E T S E I L A E O
N O I R F I E A V L W P L L M
D M A H E J P O S E I E E I E
T F E L D E L C R I C P F D B
```

ABLE	COAT	FEWER	MALL	SAFE	WELL
ACTIVIST	COUNCIL	FIT	MOMENT	SALT	WITHDRAW
AGENCY	CRACK	GLASS	NEXT	SCALE	YELL
ASSESS	CRAZY	GLOBAL	NONE	SHOCK	YOURS
BATHROOM	DEFINE	HIM	OIL	SLIP	
BECOME	DEPICT	INFORMATION	OPERATOR	STYLE	
BILL	ELECTRIC	JET	POEM	SURE	
BRAIN	EMOTIONAL	LAWN	POSE	SWEEP	
CHIP	EXPLANATION	LEFT	PREGNANT	WAVE	
CIRCLE	FAR	LOVER	PRIMARY	WEEKEND	

Puzzle #20

```
T H E S E R O T S F Q C N A F
C I T S I T R A G L T U O H S
I O T N E D N E P E D N I W H
R G N I D D E W I S N P T T O
T E N V B E A R P Y O E U T R
S T V I I A U B E M R A L I T
I A N I D C H N L A I K O C L
D R E E R A T U I E G E S I Y
N E T U M D E I R T I E E F L
A P W R L E I R O T N S N E L
R S O O A C L S E N A O N D A
G E R Y Y P S P C Y L P C O A
N D K A W E A K M U A I O R W
A R E M U S N O C I S L L E B
G I V E N R E T S E W S P H M
```

ABLE	CONVICTION	GIVEN	MAYOR	SEEK	WESTERN
AGENDA	COW	GRAND	MYSELF	SHORTLY	
ALLY	DEFICIT	HABIT	NETWORK	SHOUT	
APART	DESPERATE	HERO	ORIGINAL	SNOW	
ARTISTIC	DISCUSS	HURT	PEAK	SOLUTION	
BEAR	DISTRICT	IMPLEMENT	PIPE	STORE	
BELL	DRIVER	INDEPENDENT	PLAYER	THESE	
CLUE	FAN	LAY	POEM	TOSS	
CONSUMER	GANG	LIP	QUIT	WEAK	
CONTINUE	GENE	LOSE	READING	WEDDING	

Puzzle #21

```
C O N C L U S I O N I C E L L
O A Y E U L C R O U N D V N L
N D R V M I L E M A S G O A G
N A E R A A M I M D N I R A N
E P V E Y D T P W O N E P O E
C T H S O T N C R O D E V P W
T F C E R C I E H E F S T E S
P I L R A T C L F A S I I E T
L G P P I V I A I E I S R W A
A U N R A T I F S B D R L S Y
G S C I O N I L E I A O K I T
E E H K K G S C Y N O P S Z U
L R F A R R R U I P E N A E B
L S S O R C A A H S A B T C E
I E S O P P O P M T M T A N K
```

ADAPT	CROSS	HEAVILY	OCCASION	SHARP	TUBE
BENEFIT	DEFEND	ILLEGAL	ONION	SIZE	USER
CAPABILITY	EVEN	IMPRESS	OPPOSE	SNAP	VERY
CARRY	FAR	LIP	PARKING	STAY	WILL
CELL	FEDERAL	LUCK	POOL	SWEEP	WISDOM
CLUE	FIRST	MATCH	PRESERVE	TANK	
CONCLUSION	GAP	MAYOR	PROGRAM	TAP	
CONNECT	GIFT	MRS	PROVE	TASK	
CRITIC	GROW	NEWS	ROUND	TEND	
CRITICISM	HAIR	NICE	SAME	THUS	

Puzzle #22

```
S U C H D N A H T R O S E L F
E S I R A N A M R I A H C H N
L W O B T N A I G E M R E S U
A A H T A P O L L Y L R I A F
S N T Y P I C A L L Y P E A S
C O V E R A G E M N O P U P H
O I R E M A R K A B L E G O O
M S N E L B A R E D I S N O C
M S R S R A E E R T Y T I I K
E E E S U U U T I L I T Y W
N R V M W R T Q S C U N E S I
T P O C T I A A E Y R U E R N
E M O T I O N N E O T I M O D
M I L L I O N G C F Z U M L O
P R E F E R E N C E Y R D E W
```

ARISE	DATA	HAND	OVER	SHOCK	UPON
BOWL	DRY	HER	PATH	SORT	USER
CHAIRMAN	DUTY	IMPRESSION	PERMIT	STREAM	UTILITY
COMMENT	EMOTION	INSURANCE	POLL	SUCH	WINDOW
CONSIDERABLE	EQUAL	LAND	PREFERENCE	SWING	WINE
COP	FAIRLY	MEETING	REMARKABLE	TREE	
CORN	FEATURE	MERE	ROLE	TRUE	
COUPLE	FUN	METAL	SALES	TRULY	
COVERAGE	GIANT	MILLION	SEIZE	TYPICALLY	
CRIME	HAIR	MOM	SELF	UNIT	

Puzzle #23

```
K E Y N C O M M A N D U S T L
C C V O Y R A D N U O B O Y L
A R T I M R E P O S I T I V E
T U F T T D N A L A C I S U M
T O O A E A R O T A N E S A S
A S O T C C E Y L E K I L P R
M L D N L T H R L O L M N E A
N O E E E A O N C T O P D T L
E O V S G P S R I S H K O S O
V T S E I A P I T C S G H E S
E P O R T C K A L I A A I E P
C H I P E S R C H E D L F L Y
B R I E F P O E A E N E G F S
G N I R A E H H X P H T R I B
N O I T C U R T S E D O G C B
```

ALMOST	CREATIVE	FOOD	MUSICAL	TION	TECHNICAL
ATTACK	CREDIT	HAPPEN	PACKAGE	SAD	TOOL
BIG	DESTRUCTION	HEARING	PEOPLE	SALT	
BIRTH	DOG	HOST	PERMIT	SENATOR	
BOUNDARY	DUST	INTO	PERSON	SHADE	
BOY	EVEN	KEY	PET	SILENT	
BRIEF	EXERCISE	LAND	PORT	SLIGHTLY	
CHIP	FACTOR	LIKELY	POSITIVE	SMELL	
COMMAND	FLEE	LOOK	RED	SOLAR	
CREATE	FLY	MOVE	REPRESENTA-	SOURCE	

25

Puzzle #24

```
C I T I R C A B I N E A R T H
O O F T S E V N I Y X T I I E
N N O I S S E F O R P T N M R
S W M P F A N Y E A O R F M O
T C O O E T O Y U N S A O O M
R Y O R O R Y C L I E C R C R
U R R P B R A S B D P T M O E
C T D U E B H T H R N E A D H
T N E I B U R T I O T E T D T
I E B L A I E A A O T S I S R
O V O O B L A M E B N T O R U
N O G A Y D O G E G O L N C F
C B T U W I N G R H C U O T E
H A E Y N N W O U E T L I O W
H T A E D G F R E E E E R T P
```

ABOVE	BROWN	CRITIC	FURTHERMORE	OWN	YEAH
AGO	BUILDING	DEATH	GEAR	POOL	
AGREE	BURY	DIALOGUE	GUN	PROFESSION	
ANY	CABIN	EARTH	HAT	SCOPE	
ATTRACT	COAST	ENTRY	HOT	SHOT	
BATHROOM	COMMIT	EXPOSE	INFORMATION	STEP	
BEDROOM	CONSTRUCTION	FEW	INVEST	THEME	
BLAME	COOL	FIFTY	ODDS	TOUCH	
BLUE	COOPERATION	FREE	OIL	TREE	
BOY	COST	FRIENDLY	ORDINARY	WING	

Puzzle #25

```
H U N T E R M S W E E T E L G
I N N O C E N T U O B A L A N
S I O C A P A C I T Y R B U A
T O K I H R E W O T T H I N G
O J A T T A G C H D M S D C T
R E Y A E P M U N E D O E H E
I P K M S L E P M A R S R U Y
C L U A O O L C I E T E C A G
I A Y R S D L O R O N S N W L
T Y L D S P E D S E N T I I L
S L R I R U O L I T P C O D E
I E A U V A E R N E V I G E W
T R K R J E W E T I R O V A F
R A O A G M R O F E R E F F O
A B H N B E I N T R O D U C E
```

ABOUT	DRAMATIC	INTRODUCE	OFFER	SPORT	YET
ALIVE	FAVORITE	IRON	OKAY	SWEET	
ARGUMENT	GANG	JOIN	PERCEPTION	TELL	
ARTISTIC	GIVEN	JURY	PLAY	TERMS	
BAKE	GUEST	LARGE	PURSUE	THING	
BARELY	HAT	LAUNCH	REFORM	TOWARD	
CAPACITY	HISTORIC	LOST	RICE	TOWER	
CHAMPION	HUNTER	MODEL	SAKE	WELL	
CODE	INCREDIBLE	MORAL	SAY	WHERE	
DISTANCE	INNOCENT	ODDS	SOLDIER	WIDE	

Puzzle #26

```
O T H E R W I S E D I S N I Y
P A U S E L A O G N O L I F E
E X T E N S I O N A C I R F A
R U O Y H P O S O L I H P I R
A O S E D U C A T I O N M J G
T R B S H G U A L E V L O V E
O R G H E T H I C S N I M E A
R E I U G R A L A I N O L O C
E M N H E I P E E R A D W T C
N O O O S R E O R G A N I Z E
N T S P L L I N A B E L O P S
I S I E Y A M T C R P E E L S
S U R V E Y L L A C I S Y H P
U C P L A S T I C S U T A T S
N O I S S I M R E P H A S E X
```

ACCESS	ETHICS	LAY	OWNER	RISE	TOE
AFRICAN	EVOLVE	LIFE	PAUSE	SEX	YEAR
ALONE	EXTENSION	LISTEN	PERMISSION	SHIRT	YOUR
ARGUE	GIRL	LONG	PHASE	SLEEP	
BREATHE	GOAL	MAY	PHILOSOPHY	STATUS	
CARE	HOPE	MOM	PHYSICALLY	STIR	
COLONIAL	INNER	NEIGHBOR	PLASTIC	SUE	
CUSTOMER	INSIDE	OPERATOR	POLE	SUN	
DARE	JOIN	ORGANIZE	PRESS	SURVEY	
EDUCATION	LAUGH	OTHERWISE	PRISON	TIRE	

Puzzle #27

```
E M O T I O N G U Y R U J N I
T N A C I F I N G I S U B R R
A H I B A D I Y L T C A X E E
L C G A S P N L Y D E T E C T
S O T U T O E A M L N M I E H
N M S I O P L A T E O O L I G
A P O L V H A U C S A H Y V I
R L H R O I T C T E R L N E F
T E G E E W S D A E R E E U B
E T R T N O I T O N L G D F T
K E L A R U T L U C S Y R N T
C L E C T R E K A M D I A O U
O A A U E S I C R E X E G K W
P S S D Y L T C E R I D S N O
Y R T E W H I C H N O T T U B
```

ABSOLUTELY	DIG	GHOST	MOST	SIGN	WHICH
ACTIVIST	DIRECTLY	GROW	NOTION	SIGNIFICANT	
BEYOND	EASY	HOLY	NUT	SLOW	
BUS	EDUCATE	INJURY	OKAY	STARE	
BUTTON	EMOTION	LEAST	PEACE	THOUGHT	
CAP	EXACTLY	LEFT	POCKET	TRANSLATE	
CAPTAIN	EXERCISE	LIE	READ	TRY	
COMPLETE	FIGHTER	MAKER	RECEIVE	UGLY	
CULTURAL	FILM	MEAL	RICH	UNDERSTAND	
DETECT	GARDEN	MORE	SALE	USED	

Puzzle #28

```
A C T I V I T Y S I N G E R E
W I I H B I L L L K L L I T S
F P F Y R O T C I V I T O S S
U M E N E O U I P W A V E R E
L Y N E A L U N B R F D I X R
F L E P T I B G D A O S A D T
I O B R H I D A H A H V U P S
L R R E E Y C A C O R T E R T
L D U M I H S A N O U Y R M E
T E N S E N W I P A N T E A M
E R L E H R G O C A C T F D E
G S E C O N D N N A B E E K O
R E S N E F F O O D L L R N P
O A S I D N E T E R P L E I T
F T E S T I F Y U N I T Y P W
```

ACTIVITY	CAPABLE	IRON	PROVE	SLIP	UNLESS
ADAPT	CITE	MAD	REFER	STILL	VICTORY
AWFUL	CONTENT	NOWHERE	RUSH	STRESS	VOTE
BEING	EARTH	OFFENSE	SAD	SURE	WAVE
BENEFIT	FAIL	OLYMPIC	SEA	TESTIFY	WIRE
BILL	FILL	ORDER	SECOND	TEXT	
BOUNDARY	FOOD	PHYSICALLY	SINCE	THROUGHOUT	
BREATHE	FORGET	PINK	SINGER	TOSS	
CABLE	FORMER	POEM	SIR	TREND	
CANADIAN	HABIT	PRETEND	SKI	UNIT	

Puzzle #29

```
W O R R I E D O I R E P R A Y
E M E R G E B O R R O W E T L
A P N O I S U L C N O C S I E
K O T S E H T O L C Y I E M R
C W E R P V N E A R L Y A M E
I D V M O A I U S A W E R U M
K E I A I F H T N I E A C S P
R R T G D N F R C I N R H A I
A R C A W I U E E E O W I T C
B E E Z D O N T T P L N A I A
U D F I J O N S E H T L T R R
L N F N T A P S T E I I O U D
L A E E M A H T R A Z C O C R
E W O U G I P A N E L Y S A A
T P H E P M O O N W A L L T G
```

ADOPT	DEAD	JOURNALIST	PAGE	SIN
BAR	DRAG	KICK	PAINTER	SNOW
BORROW	DRAW	MAGAZINE	PANEL	SUMMIT
BULLET	EFFECTIVE	MERELY	PERHAPS	UNION
CARD	EFFORT	MINUTE	PERIOD	WALL
CAT	EMERGE	MOON	POET	WANDER
CITIZEN	ETHICS	NEARLY	POWDER	WEAK
CLOTHES	HUMAN	NEWLY	PRAY	WORRIED
COLLECTIVE	INSTALL	OBSERVER	RESEARCH	YEAR
CONCLUSION	ITALIAN	OUR	SHIP	YOU

Puzzle #30

```
D A Y H S I W E J B T A S K E
O P R A C T I C A L A U S I V
O A O P A R T L Y T E N T W E
H R U E D I A F T E R U O T N
D T T G N I T E E M G N O S T
L M I N H E V I S N E F E D N
I E N R E H T A F D N A R G I
H N E S R M C U S T O M E R O
C T S L O M E N O I T O N E P
C O L O N I A L E C O N O M Y
B E K I M L S C P R I M E I A
H A A P L A C E H M F D R G W
Y R A D I C A L E I I O A E A
B C A M P K S S A M N E U R T
T N E M E L E T A F Y E H T E
```

AFTER	DARE	HELL	MEETING	REGIME	VISUAL
AIDE	DAY	HERO	NOTION	ROUTINE	
APARTMENT	DEFENSIVE	IMPACT	NOW	SEARCH	
AWAY	ECONOMY	IMPLEMENT	OKAY	SEEM	
BOSS	ELEMENT	IRON	PARTLY	SONG	
BRAIN	EVENT	JEWISH	PLACE	TASK	
CAMP	FATE	LAB	POINT	TENT	
CHILDHOOD	FRENCH	LACK	PRACTICAL	THEY	
COLONIAL	GRANDFATHER	MACHINE	PRIME	TOUR	
CUSTOMER	GREAT	MASS	RADICAL	TRUE	

Puzzle #31

```
W O R R Y R O T S I H C N U B
E I I E X P E N S I V E F P U
I L D C A S S O C I A T E I S
V E L N O L U F D N A H W H Y
E F O I H R I R E T I R W S C
R T C V L C E T P D S G Y R I
S T A N D I N G Y R I I A E F
O S E O S D V E N B I V L N I
M E S C I O N I B E K S O T C
E U I D N M E E N L L A E R E
W G M A G E G N G G I L E A P
H E O T E S D O K E Y N A P S
A P R E R T I I F I L E D H S
T O P H A I R N V N O M M O C
S H I R T C B U S E E M R A W
```

ASSOCIATE	CONVINCE	HANDFUL	PARTNERSHIP	SPEAK
BENCH	CORE	HISTORY	PROMISE	SPECIFIC
BIG	DATE	HOPE	PROVIDE	STANDING
BLIND	DOMESTIC	KEY	REALITY	SURPRISE
BRIDGE	EVIDENCE	LAY	REVIEW	TOE
BUNCH	EXPENSIVE	LEFT	RID	UNION
BUSY	FEW	LEGEND	SEEM	WARM
CHALLENGE	FILE	LIST	SHIRT	WORRY
COLD	GUEST	LIVING	SINGER	WRITER
COMMON	HAIR	OIL	SOMEWHAT	

Puzzle #32

```
D N A T N E U Q E S B U S I X
E R S I H T F I F U N D I N G
S O H H T O A E G A S S E M O
P T G S S S H W O Y L I A D
E A I U E T U E W Z O A I E B
R N S O T R A R A E F D G V R
A E O I N E F R V C M L L I E
T S M R O N C E G I I O E T A
E A E U C G U B A U V D S I T
L L W C O T S M L K E E S N H
O A H W M H T A L E E H O G W
H R E N P T O H E Q C G N O H
W Y R R L U M C R U I I U C I
M A E T E O B U Y A N N R H T
W P A T X M R I F L D T O P E
```

ACID	CUSTOM	FRESH	MESSAGE	SENATOR	TEAM
ARGUE	DAILY	FUNDING	MOUTH	SHIT	THOSE
BREATH	DESPERATE	GALLERY	NICE	SIGH	WARN
BUY	DNA	GAY	OWE	SIX	WHITE
CHAMBER	DOG	GOOD	PER	SOMEWHAT	WHOLE
COGNITIVE	EQUAL	HEEL	POST	SOMEWHERE	WOUND
COMPLEX	FEAR	HUGE	POT	STRENGTH	
CONTEST	FEW	ILL	PRICE	SUBSEQUENT	
CRAZY	FIFTH	LESSON	SALARY	SURVIVE	
CURIOUS	FIRM	LIVE	SEEK	TAP	

Puzzle #33

```
M R I F U L L A N G I S T I R
E A C T I V I S T U K C I K A
A L A R T N E C N I A T E R E
S I R G F R C A N L C H C E W
U M R H E O N D O T C R N P I
R I A C I P A V I Y U O E U N
E S N T R E T E T L S U T S D
L A G A B R S N C W E G S I O
C U E P E U M T U O S H I C W
O L F D Y S U U R L I O X K O
N L R E E N C R T S M U E T U
T O E A R E R E S I O T O L G
A P D V D A I R N H R H L E H
I S A Y O I C O I T P E L B T
N E K A T N O C E L B A S I S
```

ABLE	BRIEF	FIRM	ORDER	SICK	WINDOW
ACCUSE	CANCER	FULL	OUGHT	SIGNAL	
ACTIVIST	CAREFUL	GUILTY	PATCH	SIMILAR	
ADVENTURE	CENTRAL	INSTRUCTION	PHOTO	SLOWLY	
AGE	CIRCUMSTANCE	KICK	POLL	STIR	
ARRANGE	CONTAIN	KIND	PROMISE	SUPER	
ASK	CORE	LEG	RADIO	TAKE	
BASIS	ENSURE	MEASURE	RETAIN	THIS	
BELL	EXISTENCE	NOD	ROPE	THROUGHOUT	
BELT	EYE	NOVEL	SAY	WEAR	

Puzzle #34

```
R E V I E W I F E M A R F A N
E E M E H T O G D D N I K U O
W S C S Y R A V N O D H R D I
O C T O T E C N O O E T E E T
L E C U R A S U C H R N L L A
F N N I H D B O E R D E C I L
A E I M S T P L S O N I A V F
M R T P I S O F E B U C R E N
I I S L N M A O B H H I I R I
L M I E I Y A L T G C F M E G
Y D D M F L O L C I R F A C R
L A G E A C A O E E U U S R A
U T N N K B L W R N H S S U M
R I I T O O M R A W C E R I W
T F R R R Y Z A R C P L A T E
```

ADMIRE
BLOCK
CHURCH
CLASSIC
COLOR
COP
CRAZY
DELIVER
DISTINCT
FAMILY

FAN
FINAL
FINISH
FIT
FLOWER
FOLLOW
FORTUNE
FRAME
HELL
HUNDRED

IGNORE
IMPLEMENT
INFLATION
KIND
LABOR
LAY
MALE
MARGIN
MASS
MIRACLE

NEIGHBORHOOD
ONCE
PLATE
RARE
RECORD
RECRUIT
REVIEW
RING
RUN
SCENE

SECOND
STABLE
SUCH
SUFFICIENT
THEME
TOOTH
TRULY
VARY
WARM
WIFE

WIRE

Puzzle #35

```
H O M E L E S S E L N U P O N
E C I O H C C G N E C K A F I
L H D R P I T N O H C I R F A
P A E E O W P I I L I A T I L
S L C C P T E K T V R M L C P
S L L N U L C R I O N O Y I M
E E I A L U C A N M P O O A O
S N N C A S A P G S O R C L C
S G E C R E V L O V E D I W F
A E J O B R L N C L I E E D B
R N E M S A G H E A Y B S R A
T T I P C W A O R B S M U O N
X S L A O I P L U S I S P W K
E I A N R C D D O L H T W I N
T L S Y S T E M E E T A L P C
```

ACCEPT	CANCER	HAIR	OLYMPIC	RICH	TOP
ACCOMPANY	CHALLENGE	HELP	PARKING	RID	TWICE
ACTOR	CHOICE	HOLD	PARTLY	SAD	TWIN
AID	COMPLAIN	HOMELESS	PLATE	SAY	UNLESS
ASSESS	CONVINCE	JOB	PLUS	SMILE	UPON
BANK	COPE	LIST	POPULAR	SONG	WIDE
BEDROOM	DECLINE	MODERN	RAIN	SPLIT	WORD
BIT	EVOLVE	NECK	RAW	SYSTEM	
BRUSH	EXTRA	ODD	RECOGNITION	TAIL	
CALL	FLOOR	OFFICIAL	RESULT	THIS	

Puzzle #36

```
R E S E M B L E T A D R A U G
O V R W N G C D S E N A T E A
T E A I I O T I A O S D E D L
C N E F M M N C F S P U J E F
A O T M F D R I A T N M A E O
F I A T O A A U H R O Y O P O
Y N L T N D I S T I T E T C R
D I U K T I E R O N I N R I S
O P C N H I A S O G O R O N P
B O L A G K T L T S N U P C A
Y U A T I C S U P E R O E I N
N N C C L G U R D M H J R D I
A D K O S L I A R E O U S E S
L T U H S N E P P A H C R N H
L D N I G E B O N D E V O T E
```

ADMIRE	COMMAND	FAST	MODEST	ROOF	SWIM
AFFAIR	COMPLAINT	FLAG	NONE	SENATE	TANK
ALL	COMPOSE	GIFT	NOTION	SHUT	TOOTH
AND	CONTRACT	GUARD	OPINION	SIR	USE
ANYBODY	DATE	HAPPEN	PAUSE	SLIGHT	
ATTITUDE	DEEP	HURT	POUND	SPANISH	
BEGIN	DEVOTE	INCIDENT	RAIL	SPRING	
BOND	DRUG	JET	RANK	STRING	
CALCULATE	EVEN	JOURNEY	REPORT	SUICIDE	
CLOUD	FACTOR	KICK	RESEMBLE	SUPER	

Puzzle #37

```
B L A D E U G R A G A I N O S
I A L S N C O O K I N G Y T S
O W H I T O T U A S P L R E E
L N A L E M P Y U K T A M C N
O O N V S P R S E C N O R O S
G T D E U R P E E G C I I K U
I T F R A E S F E R T T R P O
C O U M C H R K E I A Y O D I
A C L T W E I V C L R N M R C
L C A N P N O D E U Y A E I S
E F O N G S D R J B L N T B N
R I E F D I E A T E E F A F O
R R D Y F V S H S V R L L F C
A S I A E E I S I O U E T O L
B T V N B S E G A L S E G D E
```

AGAIN	CAUSE	FIRST	LUCK	SEEK	YES
AND	COFFEE	FLEE	MALE	SELF	
ARGUE	COMPREHENSIVE	GIVEN	MARRY	SILVER	
ASSIGN	CONSCIOUSNESS	HANDFUL	METAL	SON	
AUTO	COOKING	HARD	OFF	STRANGE	
BAD	COTTON	HIT	OVERCOME	SURELY	
BARREL	CRITIC	ILL	PARK	SUSPECT	
BELT	DRINK	JURY	PERFECTLY	THIS	
BIOLOGICAL	EDGE	LAWN	RELATION	UPON	
BIRD	EVEN	LOT	RESPOND	VIDEO	
BLADE	FAT	LOVE	SAD	VIEW	

39

Puzzle #38

```
C O N G R E S S I O N A L R D
L L I T S E N O H T R O N U E
O U S G E T A B E D P R E S S
S H F N H S S E R P M I W H I
E T M I T C I V L E R Y H W G
R A R K T R A C I I N I O C N
E O N E D U O E R A T N C B E
W B E Y A N A F N E D E A E R
O I N C O M E E F A X O R M D
L L O U R N A S B E B E P U E
F P L L G U E E E M A L F T S
L I Y E H C O U R A G E E E T
A A V V H A T S R D O Z E N R
G S P E C I A L E T A E S T O
E N I L E D I U G R E Y U B Y
```

ADOPT	COURAGE	EXERCISE	HONEST	RESOURCE	TRUE
ANYONE	DEBATE	FIVE	IMPRESS	RUSH	VIA
BEAUTIFUL	DESIGNER	FLAG	INCOME	SEAT	VICTIM
BOAT	DESTROY	FLAME	KING	SEND	WHO
BOY	DOZEN	FLOWER	LAP	SHE	WHY
BUYER	DREAM	GUIDELINE	LEVEL	SPECIAL	
CHIP	EACH	GUN	MANNER	STILL	
CLOSER	EFFORT	HAT	NORTH	STREAM	
CONGRESSIONAL	ELITE	HELLO	PRESS	SURE	
COP	ENABLE	HEY	PRICE	TENT	

40

Puzzle #39

```
S P O K E S M A N R W P U C N
U L L E C O N T A I N E R D O
C E V R E N O P U A F R R E I
C A P A C I T Y R H A M P C T
E S B T S R I F O R D I A L U
E U E O I N S P I R E T S A L
D R Y W U U T O N I G H T R O
E E O E I T S E U L C S T E V
M M N R M L N W J M E D I A E
A O D O D T D L A N I F X N R
N T U N R C O M P L A I N T Y
D S E A S O N R A E S O O H C
E U N A I T S I R H C A W A Y
A C C O M P A N Y B O D Y A W
E L E M E N T N E I C I F F E
```

ABOUT	COMPLAINT	END	MOUSE	SIX
ACCOMPANY	CONTAINER	ENTRANCE	NERVE	SPOKESMAN
ANYBODY	CREW	FADE	PAST	SUCCEED
AWAY	CUP	FINAL	PERMIT	TONIGHT
BEYOND	CUSTOMER	FIRST	PLEASURE	TOWER
CAPACITY	DECLARE	HAIR	RATHER	UPON
CELL	DEMAND	INSPIRE	REVOLUTION	WAY
CHOOSE	EARN	JUNIOR	SAY	WHY
CHRISTIAN	EFFICIENT	LAWSUIT	SEASON	WILD
CLUE	ELEMENT	MEDIA	SIN	

Puzzle #40

```
A L T E R N A T I V E S S A Y
A D V O C A T E C L L E B E L
S S D P A Y S C U I L M M E I
T P E I E E E F E Y D E E U S
U I R L T T N V T P R E P R A
D N U E W I I S O G X O R O E
E M T E A S O R E R N E P P T
N O L P R D R N O K P T O E A
T V U A H U C O S V O M L A R
E E C O R Y T U T U A O I N B
L M N O P E P U G I M F C B E
A E I A U P B H F N S M Y E L
Y N S N L C F I T A I I I L E
E T A Y O P H S L O W H V T C
R P R A Y R D L O H R O T O M
```

ADDITION	EASILY	IMPROVE	PAST	SPREAD
ADVOCATE	EMERGENCY	LAYER	PAY	STUDENT
ALL	ESSAY	LIBERAL	PLAN	STYLE
ALTERNATIVE	EUROPEAN	LIP	POLICY	SUMMIT
BELL	EXPECT	MERE	PRAY	SUPPLY
BELT	FAVORITE	MINOR	PREDICT	THING
CELEBRATE	FIT	MOTOR	SENIOR	TOUGH
COOK	FUTURE	MOVEMENT	SITE	TWELVE
COUCH	HOLD	PAINFUL	SLOW	UPON
CULTURE	HONEY	PAN	SPIN	VISITOR

Puzzle #41

```
P U R C H A S E I V O M I L K
A H S E R V E B O O K R I A F
E T O P S T R E A M E R E L Y
H R C T O T C A N N U A L H T
C E I E O O I E S O K C O T S
R S A N P G L C F S T T V B A
E E L S D S R A K R E T E U R
L D N I L I A A C J E R O N T
B O U N F E C L P I I P T C N
A Z D C I E E A O H T A E H O
C E R T A D S P T N E I S Y C
G N U O Y T O T D E G R L S P
Y L G U Y P E W Y R C R A O I
E V I C T O R Y E L A M V F P
S P I H S A B O V E E Y E T E
```

ABOVE	CABLE	EDUCATE	MILK	SAME	TOUCH
ALONG	CHEAP	FAIR	MOVIE	SERVE	UGLY
ANNUAL	CONTRAST	HEAT	OWE	SHIP	VICTORY
ASLEEP	COTTON	HERO	PERFECT	SLAVE	YARD
ASPECT	CRY	HIRE	PHOTOGRAPHER	SOCIAL	YES
ASSERT	DESERT	INDICATE	PIPE	SOFT	YOUNG
BANK	DINNER	JET	POLITICAL	SPOT	
BOOK	DOZEN	LIFESTYLE	POOL	STICK	
BOY	DRUG	LOVE	POP	STOCK	
BUNCH	EARLY	MERELY	PURCHASE	STREAM	

Puzzle #42

```
C O U R T G N I P P O H S E L
R R P P R I N C I P L E L C A
E C O U R S E O R I A F O N T
W F S S T E T A M E R I C A N
B A S E S P G R I A G U K L E
U E I V E A N N E D M N L G M
L L B L V C I I A N E A A E N
C A I E N S N L C N G C R D O
H N L W I D R E V E C T I D R
A A I T T N A A I L X Y H O I
N L T C K A W G O O S A O H V
D Y Y E O L L U L O P M C W N
N S S L O W W E E K A P O T E
I I A E B Y L T N E C E R E H
M S E S P I R I T T E V R E S
```

AIDE	CROSS	HATE	POSSIBILITY	SPIRIT
AMERICAN	DANGER	HER	PREGNANCY	STRENGTH
AMONG	DRAMA	INVEST	PRINCIPLE	TALENT
ANALYSIS	EASY	LANDSCAPE	RECENTLY	TOP
BASE	ELECT	LEAF	ROOM	TWELVE
BOOK	ENVIRONMENTAL	LEAGUE	RULE	VIOLENT
CLUB	EXACT	LOCK	SERVE	VOICE
COURSE	FAIR	LOOK	SHOPPING	WARNING
COURT	GLANCE	MIND	SLOW	WEEK
CREW	HAND	NICE	SPACE	WHO

Puzzle #43

```
E X P E N S E D I S E B N L T
G X T D H E R S E L F I L E O
A T P M E T T A S I G H T E W
T Y M L T E F A L A V N N H N
I P O E O R C I U T L O U W N
R I R E T D E C F Q E G M L O
E C P F A C E P U L E R I I P
H A G B L O C K X S E D Y V U
T L N U L N W T N E G A A E E
U A I W Y T N O R O S E V H K
O R N I X A L E R A I T N E S
M O A D K I C K A R G T R E N
T M E E S N G I S R Y E A I I
A R M L O C K N O W B A D N P
X T S Y L A N A C O P Y P Y S
```

ADEQUATE	EXPERT	HERSELF	MOUTH	RELAX	TOTALLY
AGENT	EXPLODE	KEY	MOVIE	SAY	TOWN
ALTER	FEEL	KICK	NATION	SEE	TRAGEDY
ANALYST	FIFTH	KNOW	NEARBY	SHADE	TYPICAL
ATTEMPT	FILE	LEAVE	NEW	SIGHT	UPON
BESIDES	GENE	LIVE	NOT	SIGN	WHEEL
BLOCK	GIVE	LOCK	OWN	SPIN	WIDELY
CONTAIN	GLASS	LUNG	PAY	STRIP	WORRY
COPY	GUY	MEANING	PROMPT	SUCCEED	
EXPENSE	HERITAGE	MORAL	RED	TAX	

Puzzle #44

```
S U R V E Y T N A R G W A N T
O N O I T A C I L P M I F G U
L D W O R C A O A I N N E R O
A E U L B L X Y N M O D E R N
R R T B O J E D I S P L A Y C
I S R A E L I N L O E D I V A
N T U E N C E M N I T N A P M
T A E X G O A E P A U U S O P
E N N C N A T U F L H B R U U
R D G E I B R H S I E C I N S
P I A P O E E D E E G M D D W
R N G T G C Y I E R R H E E O
E G E I N O U M N A I O T N R
T E G O O M B A I G L F C Y T
T N A N G E R P L A U S U S H
```

AGO	CONSENSUS	FIGHT	LINE	REGARD	WANT
ANOTHER	CROWD	FIRE	MAP	RIDE	WIN
BECAUSE	DEAL	GET	MODERN	SCORE	WORTH
BECOME	DENY	GRANT	OIL	SOLAR	
BEING	DISPLAY	IMPLEMENT	ONGOING	SURVEY	
BLUE	ENGAGE	IMPLICATION	OUT	TRUE	
BUILD	EXACT	INNER	PANT	TURN	
BUYER	EXCEPTION	INTERPRET	PAY	UNDERSTANDING	
CAMPUS	FEE	ISRAELI	POUND	USUAL	
CHANNEL	FEEL	JOB	PREGNANT	VIDEO	

Puzzle #45

```
T E P O T N E M U C O D L O C
E K A M E S P A L L O C A I R
S L D I S C O V E R C B N N E
T E B D E C N A V D A C G F A
A A G A I N E R E D R H U O T
B T N N L T Y L E E O A R E
I H I C D U A Y A L F C G M C
L E D E T N R S M I U O E A O
I R A H N A E A T M L L C E N
T F E C U D D R C S L A I T O
Y S R M O E O V T I Y T V A M
E H Y E C V M O I U A E E B I
D O I R E P E A W S O L D E C
H O P E U Z E R G D E C I D E
S T U F F B E R E F F I D N A
```

ADVANCE	COLLAPSE	DOCUMENT	MAKE	SHOOT	VARY
ADVISE	COUNT	ECONOMIC	MALE	SMILE	WOOD
AGAIN	COVER	FREEZE	MERE	STABILITY	
AND	CREATE	GAME	MODERATE	STUFF	
BADLY	DANCE	HOPE	OUT	TEAM	
BURY	DEBATE	INCREASED	PER	TEST	
CAREFULLY	DECIDE	INFORM	PERIOD	THESE	
CEO	DEVICE	LANGUAGE	PET	TOP	
CHOCOLATE	DIFFER	LAST	RACIAL	TREND	
COLD	DISCOVER	LEATHER	READING	UNABLE	

Puzzle #46

```
B E C A U S E F M R E H T O B
A S T S O L I N D E E D A O L
T L N A I L L A H C R O R R E
H A A Y L D E T A E P E R P A
R F V O L O E L Y N P I L S F
O O E B I E I N C T R U L Y E
O O L R H T M V T R R S I C K
M R E G U E A E D I I I P H O
E P R N N T Y R R M T C D O J
M D C I D S L S O T O Y D L T
O C I R R A D U I J X N N O A
R I H A E T A R C G A E E G E
Y P B E D D B I I R H M B Y P
N O D H C L I V E A O T N O E
H T R O W K E T I C F P A G R
```

AIDE	CITE	GAP	LIVE	PSYCHOLOGY	TOP
BADLY	CREDIT	HALL	LOAD	RATIO	TOPIC
BAR	CROP	HEARING	LOST	RECENT	TRULY
BATHROOM	CULTURE	HER	MAJOR	RELEVANT	VIOLATE
BECAUSE	DIRTY	HUNDRED	MEMORY	REPEAT	VIRUS
BEND	ERROR	IDEA	MERELY	REPEATEDLY	WORTH
BOTHER	EXTREMELY	IDENTITY	MONEY	SICK	
BOY	FAIR	INDEED	NOD	SIGH	
CHECK	FALSE	JOKE	ONTO	SLIP	
CIRCLE	FILL	LEAF	PROOF	TASTE	

Puzzle #47

```
F O R W A R D N A R B L N A P
R E E R A C T S U D O L O T A
E R G V E B H G I E W U I H L
N U N A S T E A D Y N P T L E
C T I R R R S G M O C J S E S
H L Z Y E E E A I E O E E T T
O U A H V G V P S N R W U E I
N C M M I E R O P I E I Q C N
E K A H S A P U C E D S C H I
Y S C O N T A I N C P H I A A
K I N C E N T I V E H P W I N
S C R I P T T U Y L W E N N E
E R C W X R E S T A U R A N T
N O P A E W R E S O L V E P F
P W I S E F N R E L A T E A O
```

AMAZING	CORE	HERE	PALESTINIAN	SCRIPT	WIN
AMERICAN	COVERAGE	HIP	PATTERN	SHAKE	WISE
ATHLETE	CULTURE	HONEY	PEPPER	STEADY	WOOD
BEGIN	DISASTER	INCENTIVE	PULL	TEA	
BRAND	DUST	JEWISH	QUESTION	THE	
CAREER	EAT	MASK	RELATE	URGE	
CHAIN	EXPENSIVE	NEWLY	RESOLVE	USER	
CHEAP	FEW	OFTEN	RESTAURANT	VARY	
CONTAIN	FORWARD	ONCE	ROUTE	WEAPON	
COP	FRENCH	OWN	ROW	WEIGH	

49

Puzzle #48

```
F U L L Y S R E V O R T N O C
A P P R E C I A T E D I S E B
B R T N A T I O N A N E Y E R
R O R O D H D B L C U M L T U
I C I I I O I A S P O P E A O
C E A T V N S R E H S W D M Y
U D L C I E A R W S E L I I E
R U O E S Y B I E P C L W T N
R R N R I D I E E N E A F I R
E E G I O O L R P N W C P G U
N V R D N B I B J Y I O D E O
T L A L E O T O E H T A P L J
L I N U D N Y N Y S T H M I U
Y S D O G A Y D O A T K E E S
R A E W S E A C H T W B A N T
```

AGO	CONTROVERSY	DIVISION	LEGITIMATE	PROCEDURE	WAY
ALONG	COST	EACH	LIE	SALAD	WHOM
APPRECIATE	COW	ENJOY	MAIN	SEEK	WIDELY
ARRIVE	CURRENT	ESCAPE	NATION	SHELF	WOULD
BAN	CURRENTLY	FABRIC	NOBODY	SILVER	YOUR
BARRIER	DATA	FULLY	NOT	SOUND	
BESIDE	DELAY	GRAND	OWNER	SWEAR	
BEST	DENY	HONEY	PATH	THEN	
BOND	DIRECTION	JOURNEY	PERIOD	TRIAL	
CALL	DISABILITY	JUST	POP	TYPE	

Puzzle #49

```
S T U D E N T Y A S S E D A S
H W I F E Y T Y C A M E R A S
O I A M V R M G L A U N C H Y
P C U O I D A R E T A T S E A
E E T D L L H E A L T H Y W W
C R O T I D E N N F G I A O L
N I U A D O L E S C E N T V A
E U M T C A R T N O C D A O E
I L R E S L D N H T A E R G P
D A B S D E I V O E M E A T T
U M F A E A G M I S O D T C I
A R H L P A C R B C R R U I H
N O T I O N R A A U E E Y T S
T F D R A O B T L N T O P S Y
E S A E L E R E H Y T A E R T
```

ABLE	CLEAN	ESSAY	HAVE	OWE	SITE
ACADEMIC	CLIMB	ESTATE	HEALTHY	PAIN	SPOT
ADOLESCENT	CONTRACT	FACE	HOT	PERSON	STUDENT
ADVICE	DAY	FARM	INDEED	POT	THEORY
ALWAYS	DIRTY	FLOOR	LAUNCH	RADIO	TREATY
ARMY	DUTY	FORMAL	LIMIT	RELEASE	TWICE
AUDIENCE	EACH	GANG	LIVE	RULE	
AUTO	EARTH	GESTURE	MEAT	SAD	
BOARD	EDITOR	GRANT	NOTION	SHIT	
CAMERA	ENERGY	GREAT	NURSE	SHOP	

Puzzle #50

```
U N D E R S T A N D N I H E B
S P E C I A L I S T O B M Z L
A C O R N E R E S F I E R I A
N R D N N N Q O O R T T O R C
Y E R E A U P D T E A A F E K
W W G I E B D H R Q R L E T C
A I D N V D D N C U T P R C I
Y N C E A A N O O E S L L A S
I E T D Y R L I N N U U E R S
G A E U V L O T T C R F E A A
L N M L E U P I I Y F N F H L
O E I C R N R L N H S I D C C
W T T N Y G I A U T T A E R G
E F E O I F C O E N O P A E W
R O M C E D E C D T E R C E S
```

ALL	COLLECT	GREAT	ODD	SICK
ANYWAY	CONCLUDE	INDEED	OFTEN	SPECIALIST
ARRIVAL	CONTINUED	INDIAN	ORANGE	TEAR
BAN	CORNER	INTO	PAINFUL	TIME
BEHIND	DINING	ITEM	PLATE	TOSS
BIRTHDAY	DISH	LATE	POST	UNDERSTAND
BLACK	FEEL	LIFE	PRICE	UPON
CHARACTERIZE	FREQUENCY	LOWER	REFORM	VERY
CLASSIC	FRUSTRATION	LUNG	SECRET	WEAPON
COALITION	GENE	METER	SEQUENCE	WIN

Puzzle #51

```
B R O A D R E S S S I K N A R
O U R S E L V E S L N A E L E
P E R F O R M T I I D R X A S
D A N D L O A C A M U T C C O
E S I F E T E T A P S X E I L
M T A E E N N T C O T E L R C
O E M M S I H O O R R N L O H
N R E E A A R T N T I G E T A
S N R M N P H B T A A I N S N
T H D M O E M P A N L N T I G
R A A R O L H G I T A E E H I
A C A R I H U T N T D E K O N
T T Y F P N W H E R Y R C P G
E O C H E C K N R T H G I E W
A R R I V A L A U T U M T W O
```

ACTOR
ARRIVAL
BRIEF
BROAD
BURDEN
CHANGING
CHECK
CLOSER
CONTAINER
CORPORATE

DEMONSTRATE
DRESS
DRINK
EASTERN
ENGINEER
EXCELLENT
EXTRA
FILM
GUN
HER

HISTORICAL
HOPE
IMPORTANT
INDUSTRIAL
KISS
LADY
LEAN
LICENSE
MAINTAIN
MATH

MUTUAL
OLD
OURSELVES
PERFORM
PHASE
RANK
REMAIN
SHARP
STATEMENT
TEN

THEN
THEORY
TICKET
TWO
WEIGHT
WHOM

Puzzle #52

```
S O C I E T Y R A R B I L E D
K K O M Q X L T C A P M I A E
Y A U P U L P R N H L L E C V
L Y N R A A A E E U A I C H E
H E S O L C I C R T O S V E L
G H E V A I R O T T P C E E O
I O L E E D G R O W R A R E P
H U O M D E N D P F E I H C M
E R R E I M S E S R U O C C E
A O G N R P R O P O R T I O N
R J O T B A O D U S L A I R T
Y A L P S I D L G N I R B T E
N M F T F I G U I A D E E S S
I N F A N T T O P C T G U R D
T P E C N O C W D U E E N I L
```

ALIVE	COUNSELOR	EXPERT	IDEAL	POLICE	SPEND
ALL	COUNTY	GATE	IMPACT	POT	SPOT
BIG	COURSE	GET	IMPROVEMENT	PROPORTION	TINY
BRING	DARE	GIFT	INFANT	RARE	TRIAL
CELL	DEVELOPMENT	GOLF	LIBRARY	RECORD	WOULD
CEO	DISPLAY	GROW	LINE	SEED	
CHAPTER	DRUG	HEAR	MAJOR	SET	
CHASE	DUE	HEY	MEDICAL	SKY	
CHIEF	EACH	HIGHLY	OKAY	SOCIETY	
CONCEPT	EQUAL	HOUR	PAIR	SOUND	

Puzzle #53

```
A R G U M E N T E A S P O O N
T I B I H X E V I R D C O O C
T R W Y I N S T A N C E I O G
R D E L U Y L D R A H S N L R
A P A F H G A S B A N C O E A
C Y L N S I R O I A E B T A B
T L T E C N T E P N A N I D O
I E H I H E A X T L N A F E R
V T M W R F E R P N C E O R D
E E U A S O A E T Q U C R S E
L L S V N T N R U R H H P H R
P P E E E A I R E O I W I E
M M U A L P R K M I S P E P G
I O M T S E O O E R T T E B A
S C Y R C Y H H M N U S K I E
```

ACQUIRE	DRIVE	GUY	LEADERSHIP	SIMPLE	WEEK
ARGUMENT	EAGER	HARDLY	MINORITY	SKI	
ATTRACTIVE	EASY	HELP	MRS	STAKE	
BET	EXHIBIT	HIT	MUSEUM	STIR	
BORDER	EXPANSION	HOME	NAME	SUN	
CHIP	FAR	HOPE	NEAR	TEASPOON	
COMPLETELY	FLY	HOST	PENALTY	TOBACCO	
CONCENTRATE	GAS	HUNTER	POOR	TRANSFER	
CRY	GLOBAL	INNER	PROFIT	WAVE	
DANCE	GRAB	INSTANCE	ROPE	WEALTH	

Puzzle #54

```
T N E L I S E N T E N C E K L
X Y E S T E R D A Y B A B C O
E L P V E E S U A C E B R O B
T D I I H E N A T I O N A L M
N A E T C T D I S C O V E R Y
O B A S I A C L O S E R P T S
C E T L I F L E L V S Y P C C
L E N A P R O L T A E E A A T
C H I N E S E R Y E M N L R E
H S I T I R B I P Y D L C T G
E T A R A T H G R A D U A T E
A M E D I C A T I O N L P A B
P G N L M O O R S S A L C O U
G A P R O F E S S O R I E H T
H S U O I R U C O M P U T E R
```

AIM	CHINESE	GET	MEDICATION	SILENT	YESTERDAY
APPEAR	CLASSROOM	GIRL	NATIONAL	SPLIT	
ATTRACT	CLOSER	GRADUATE	OVEN	SYMBOL	
BABY	COMPUTER	GRAY	PANEL	THEIR	
BADLY	CONTEXT	HAND	POT	THREAT	
BECAUSE	CURIOUS	ILL	PROFESSOR	TRY	
BRITISH	DESIRE	LEATHER	PROFIT	TUBE	
CALL	DETECT	LESS	RATE	TYPICALLY	
CAP	DISCOVERY	LOCK	SEED	UNTIL	
CHEAP	EGG	MALL	SENTENCE	VIA	

Puzzle #55

```
T E R R I T O R Y I P N R U B
N O I T A C I D E M R O E A E
E D I S A D E Y B A O I V C F
D T A I R E I T L G G T O T I
I F I T N E S S A E R C L I L
C E D L L V S E C D E I E V L
N N S D L S A O K U S R B I I
I C B C R E W S L A S T A T T
N E D R U B T E I C W S L Y S
T R O F M O C A A O K E K M H
N O I T C E L E S R N R C I A
I N T E N T I O N O I T O N K
G R A N D M O T H E R A H D E
H C N U B R A N C H D H S U N
T H E O R Y T R E P O R P A Y
```

ACTIVITY	COMFORT	IMAGE	NIGHT	STILL
AIDS	CREW	INCIDENT	NOTION	SUN
ASIDE	DATE	INTENTION	PAY	SWEAR
BET	DISCUSS	INVASION	PROGRESS	TERRITORY
BLACK	DRINK	LABEL	PROPERTY	THEORY
BRANCH	FAR	LIFE	RESTRICTION	WAKE
BUNCH	FENCE	LOVER	SATELLITE	YIELD
BURDEN	FITNESS	MEDICATION	SELECTION	
BURN	GRANDMOTHER	MIND	SHAKE	
CLOSER	HAT	NEED	SHOCK	

SOLUTIONS

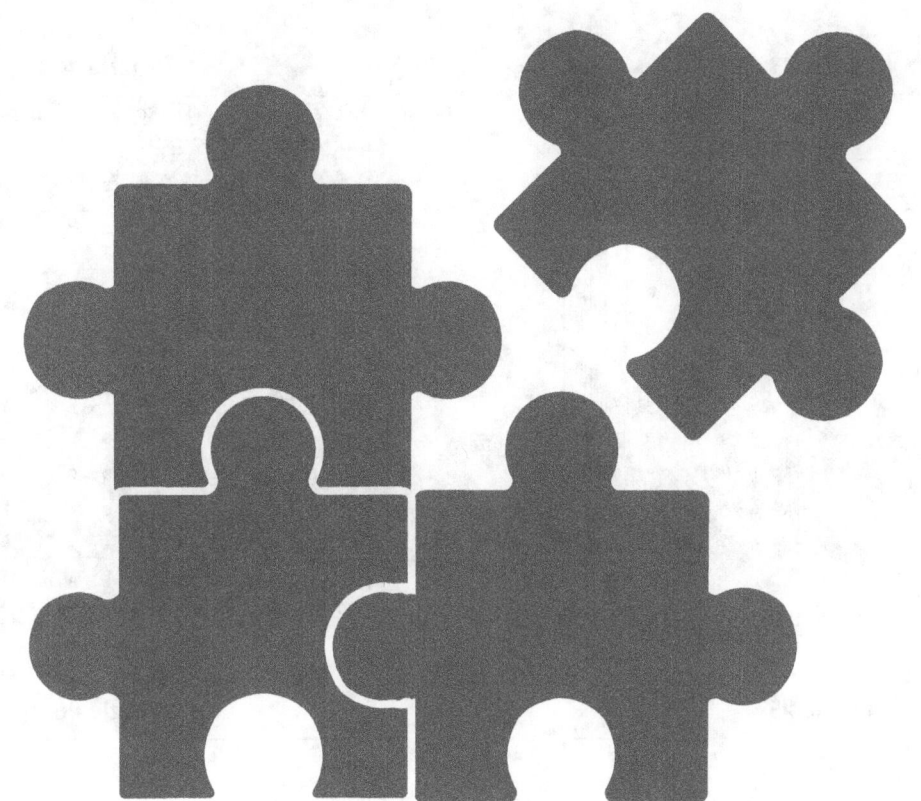

Puzzle #1
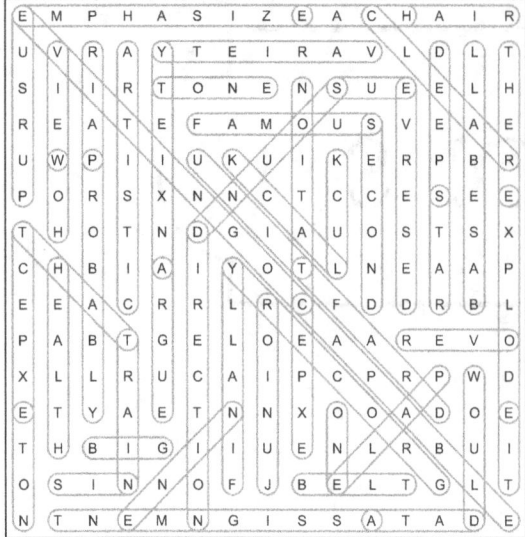

Puzzle #2
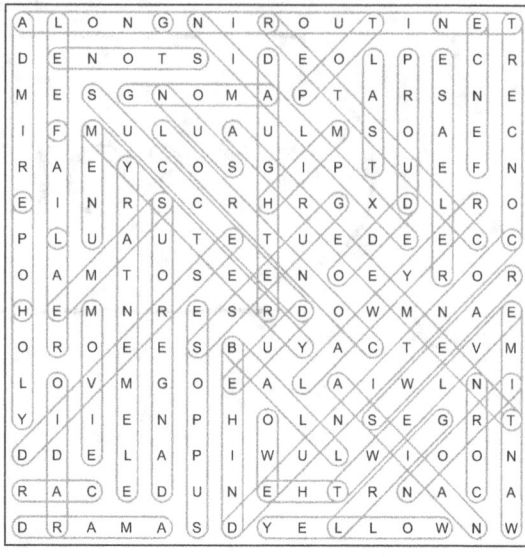

Puzzle #3
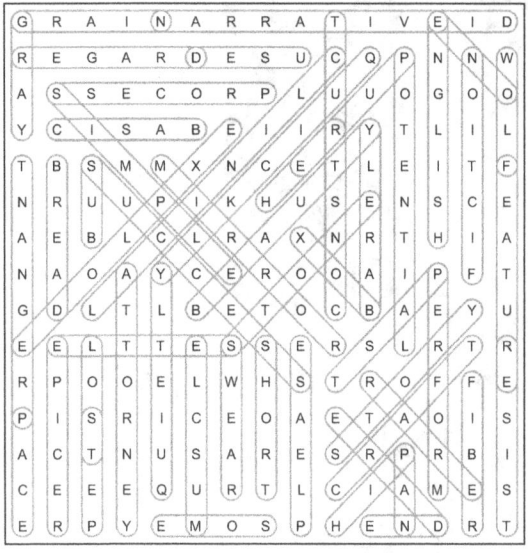

Puzzle #4
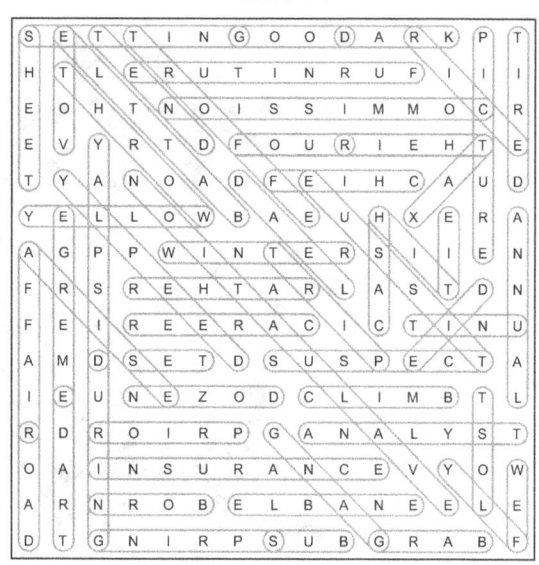

Puzzle #5
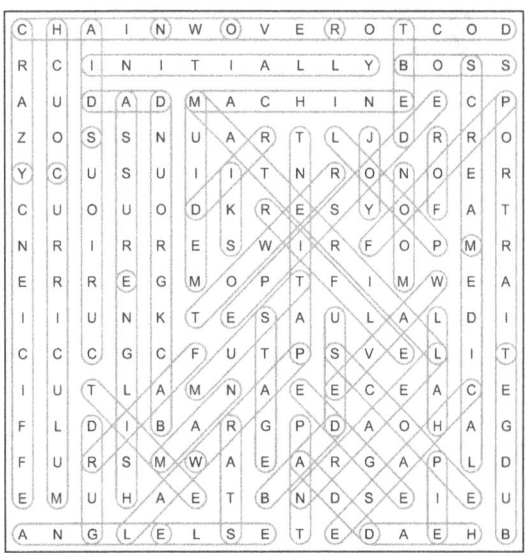

Puzzle #6
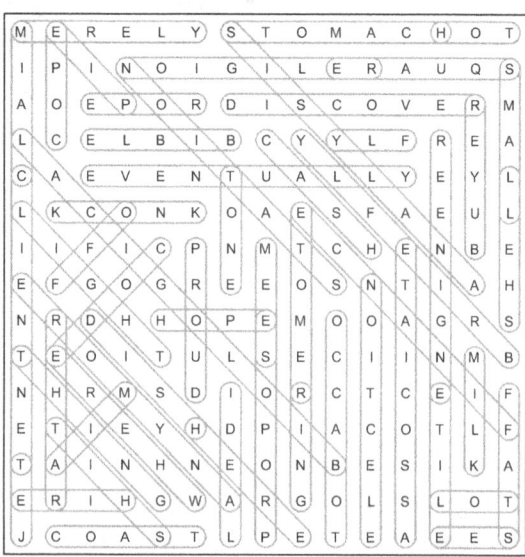

Puzzle #7

Puzzle #8

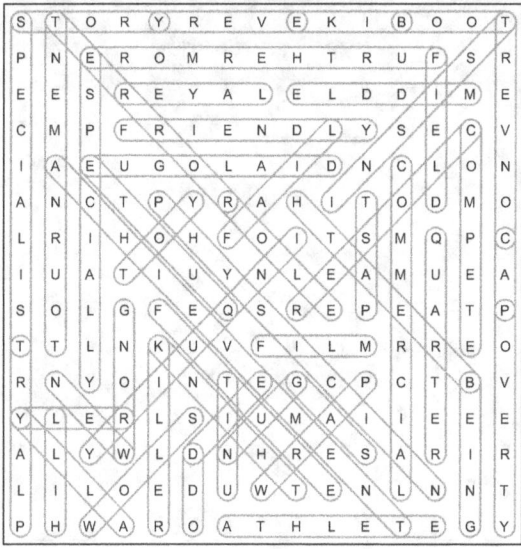

Puzzle #9

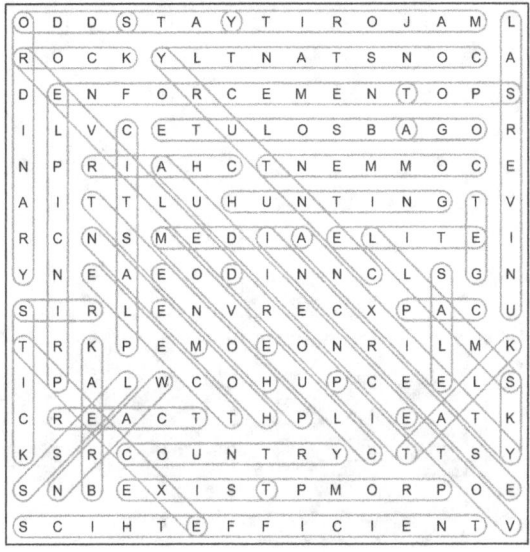

Puzzle #10

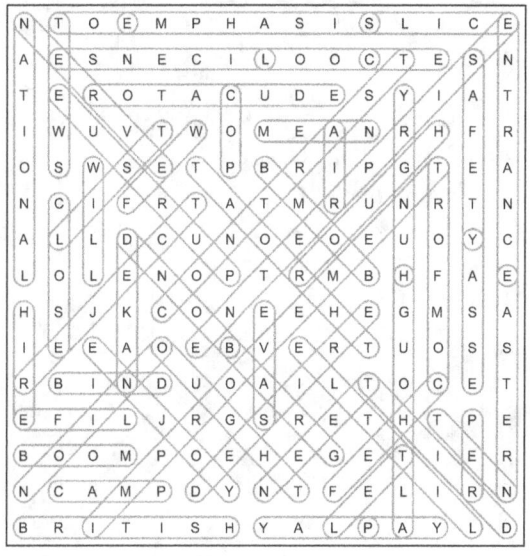

Puzzle #11

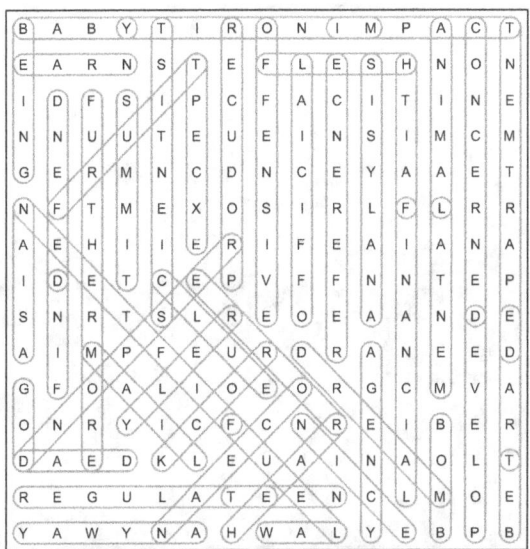

Puzzle #12

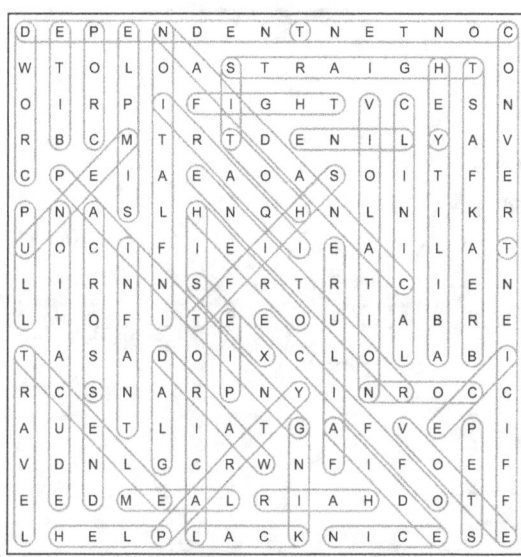

Puzzle #13

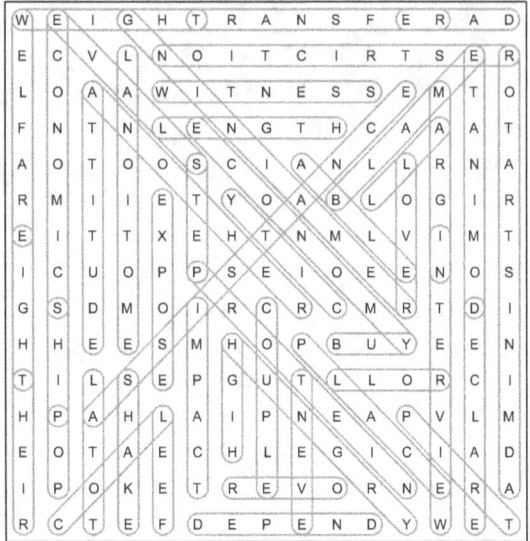

Puzzle #14

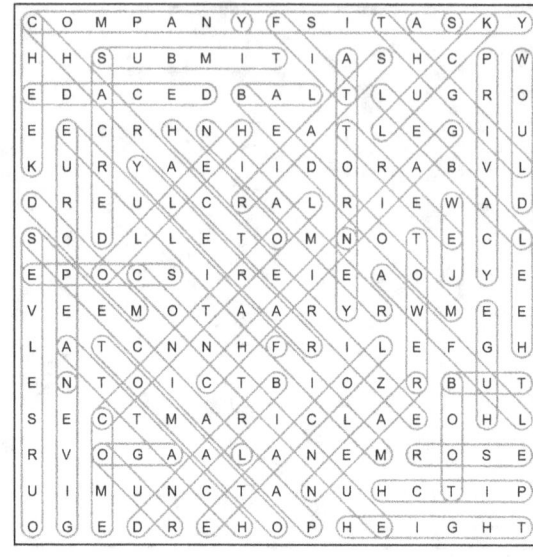

Puzzle #15

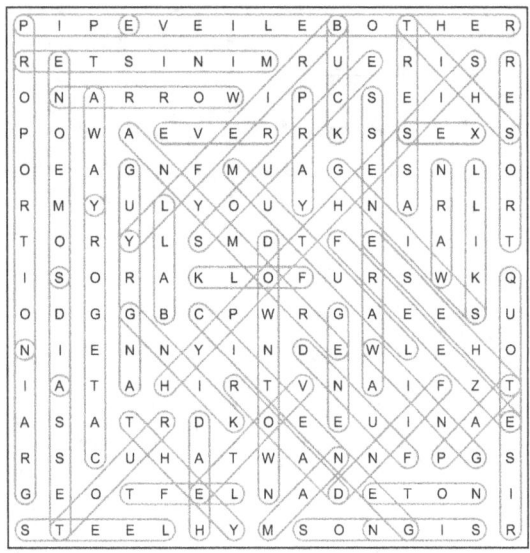

Puzzle #16

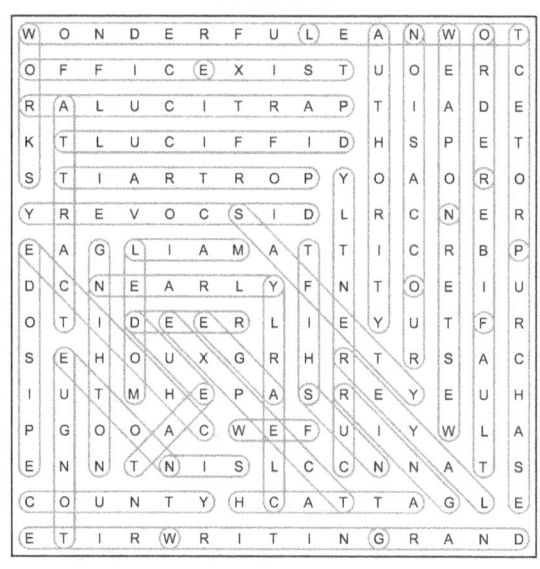

Puzzle #17

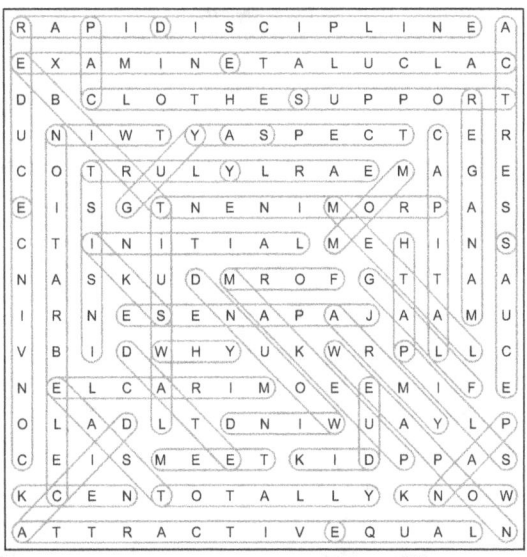

Puzzle #18

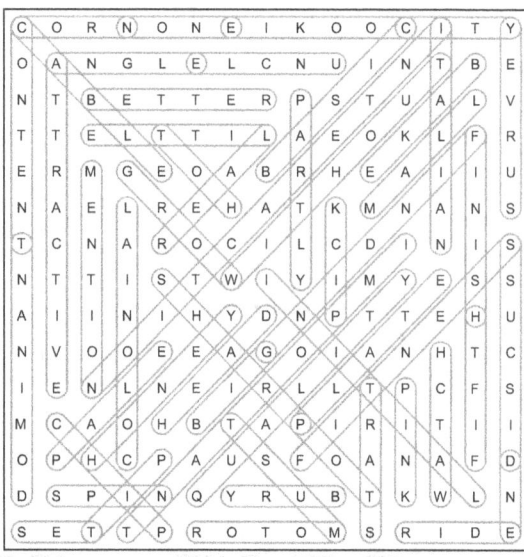

61

Puzzle #19

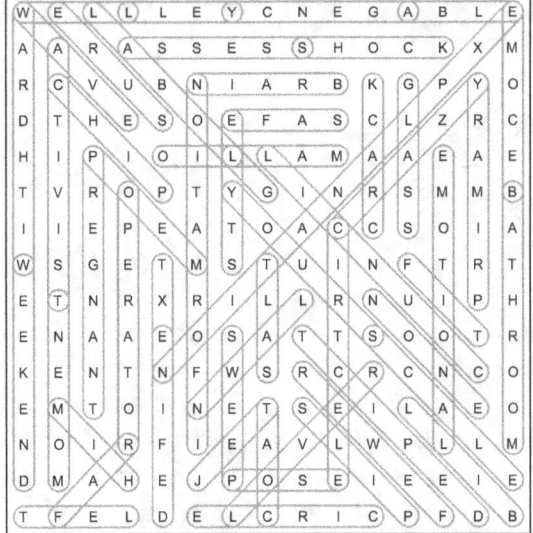

Puzzle #20

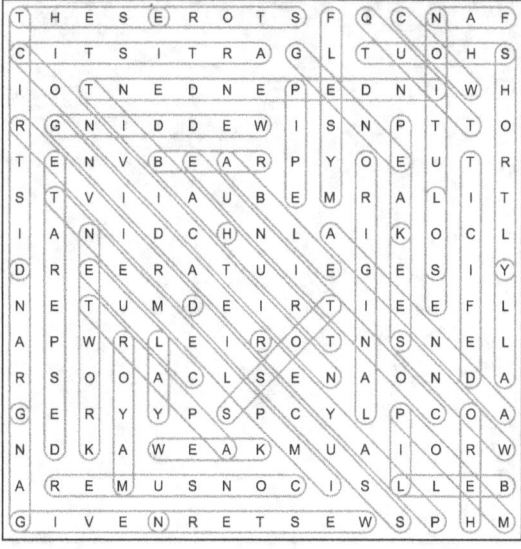

Puzzle #21

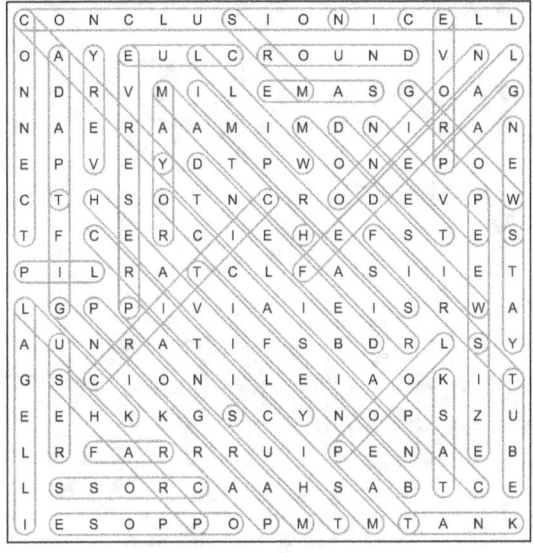

Puzzle #22

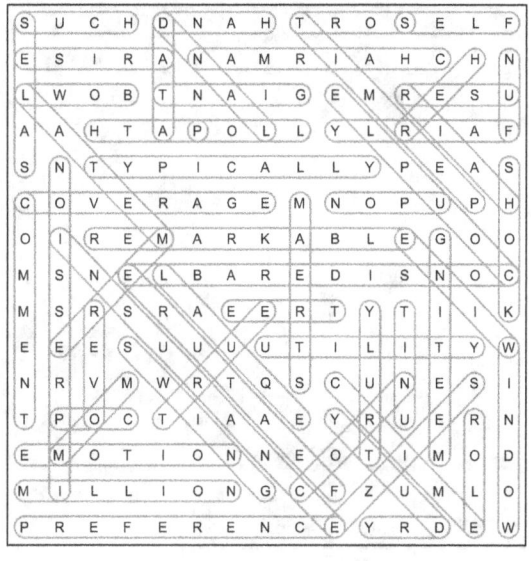

Puzzle #23

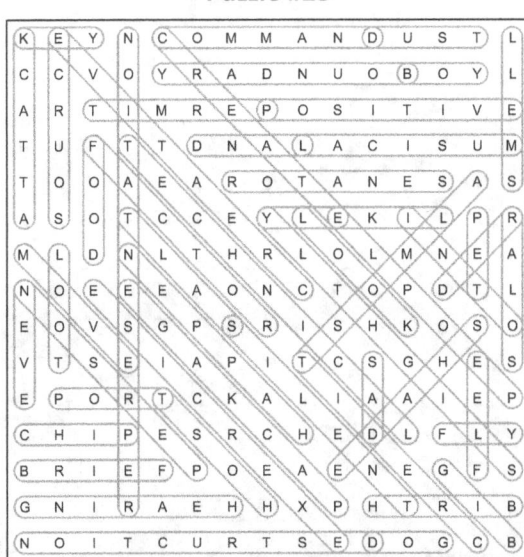

Puzzle #24

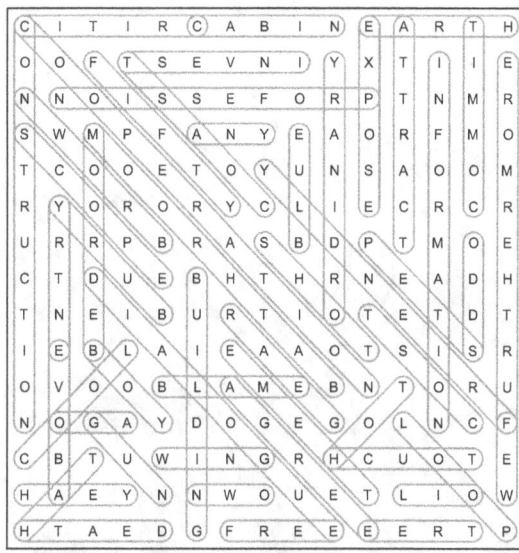

Puzzle #25

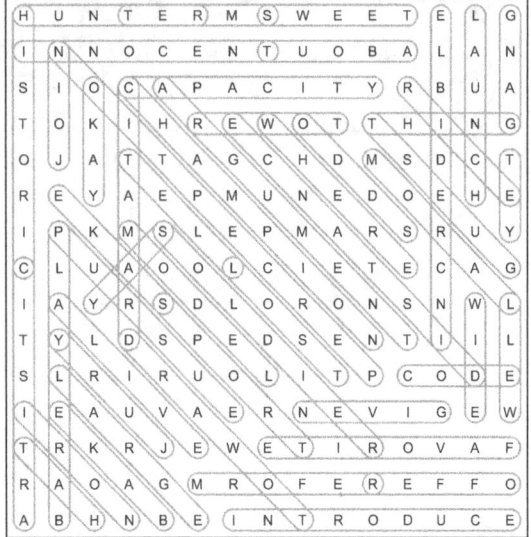

Puzzle #26

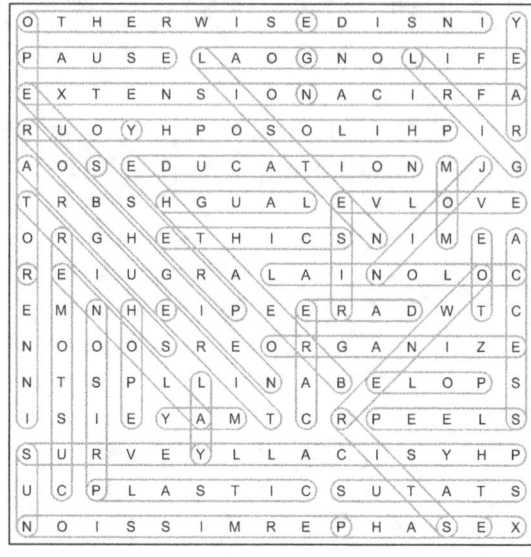

Puzzle #27

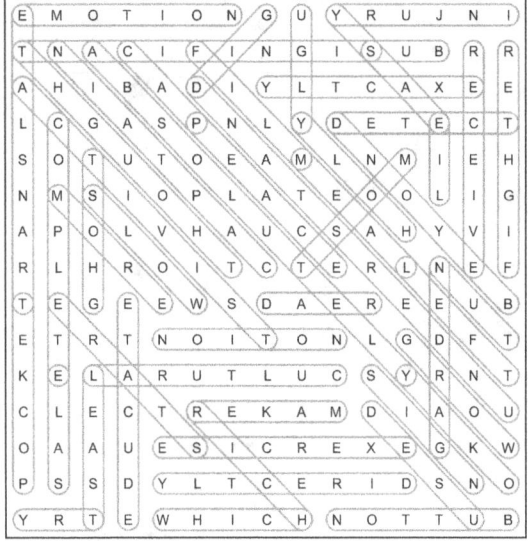

Puzzle #28

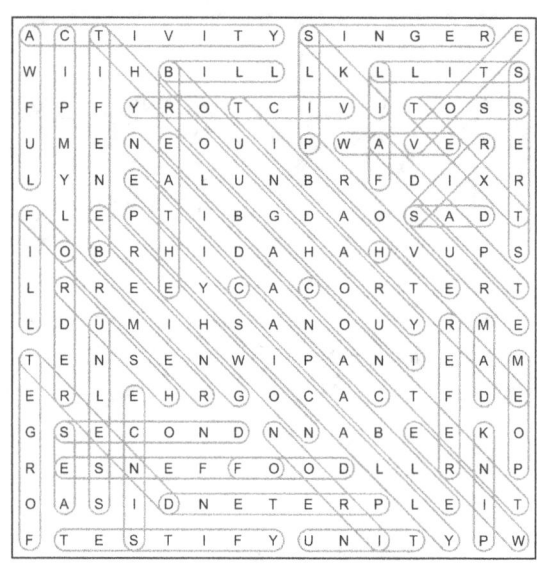

Puzzle #29

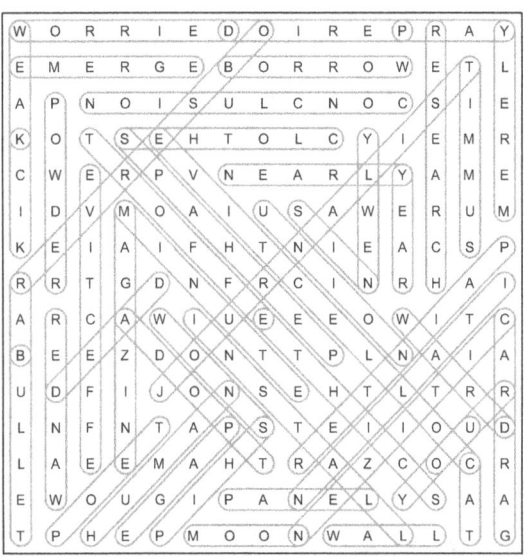

Puzzle #30

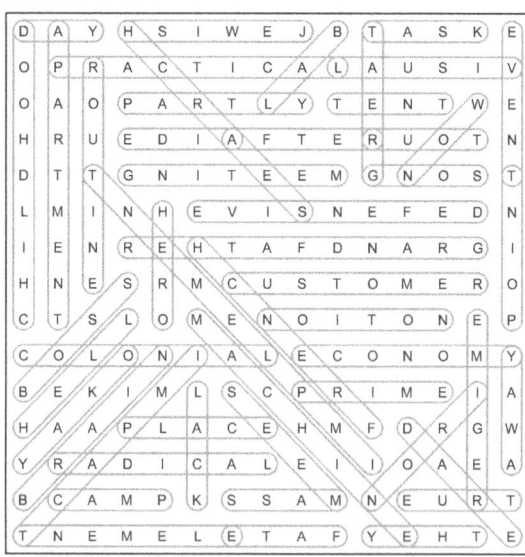

Puzzle #31

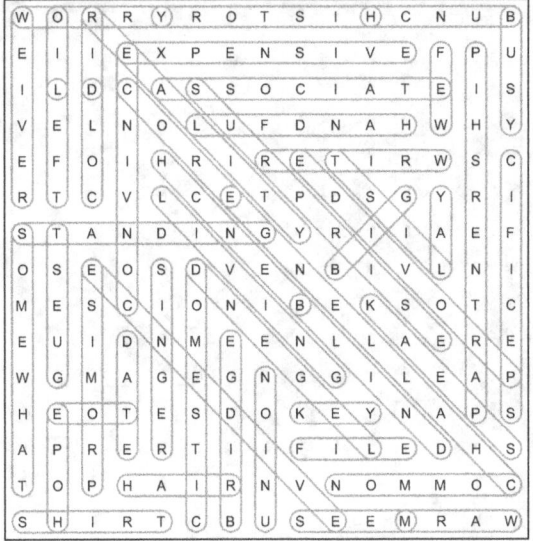

Puzzle #32

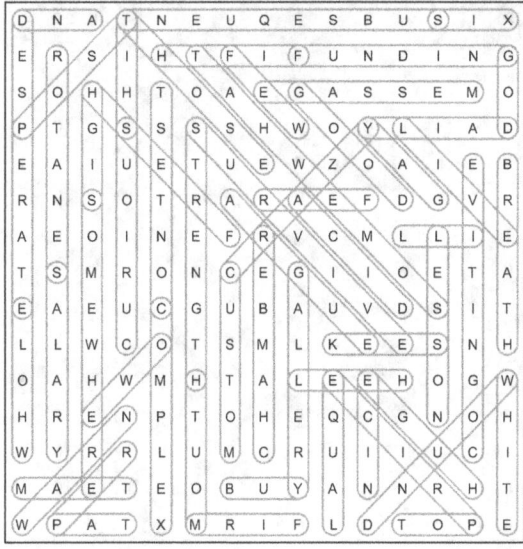

Puzzle #33

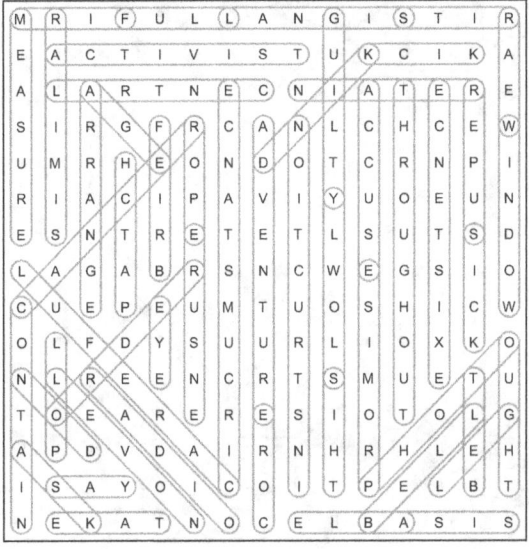

Puzzle #34

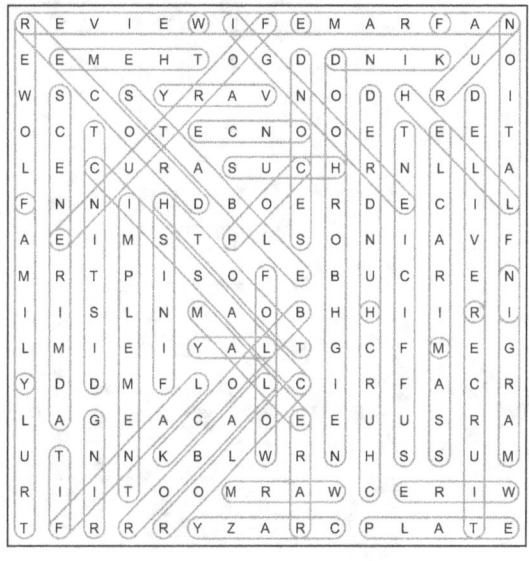

Puzzle #35

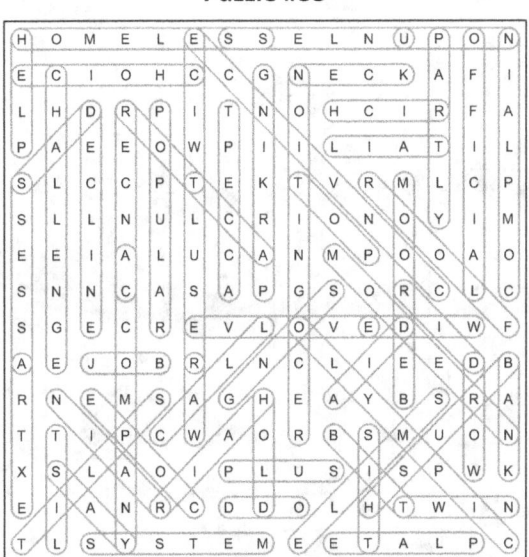

Puzzle #36

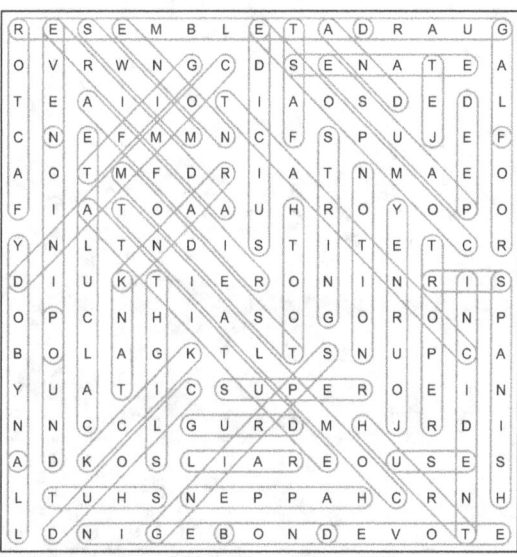

Puzzle #37

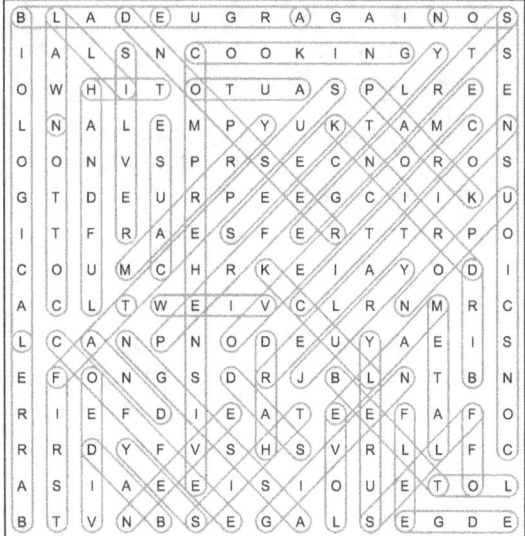

Puzzle #38

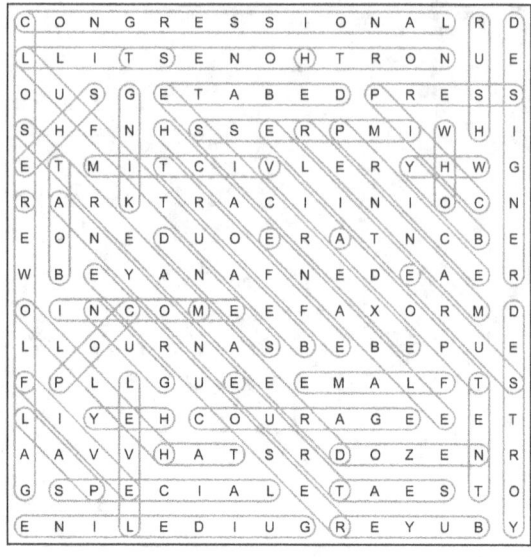

Puzzle #39

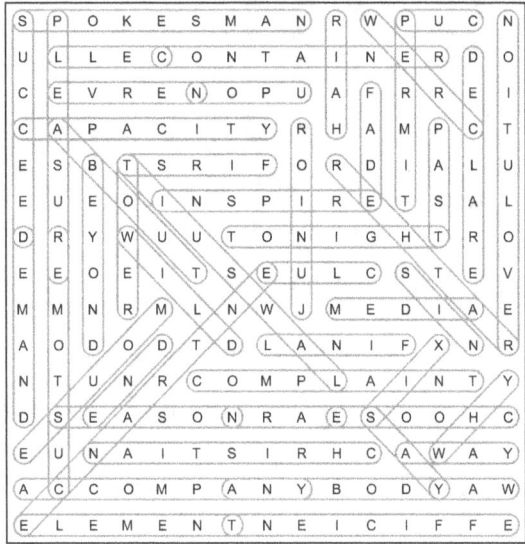

Puzzle #40

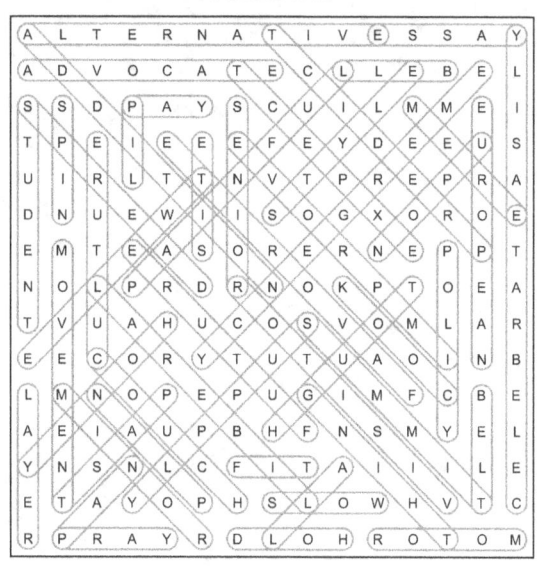

Puzzle #41

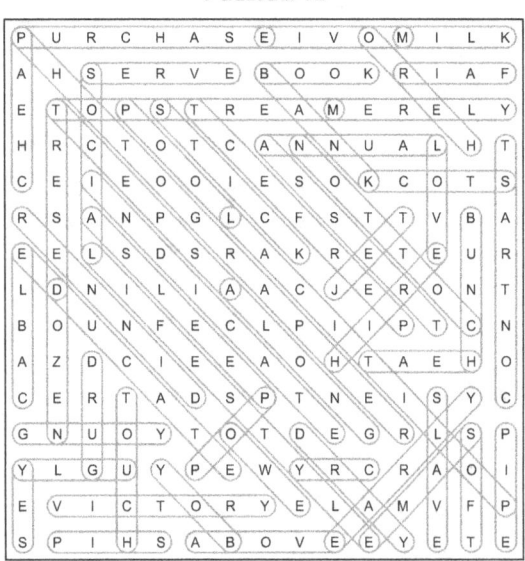

Puzzle #42

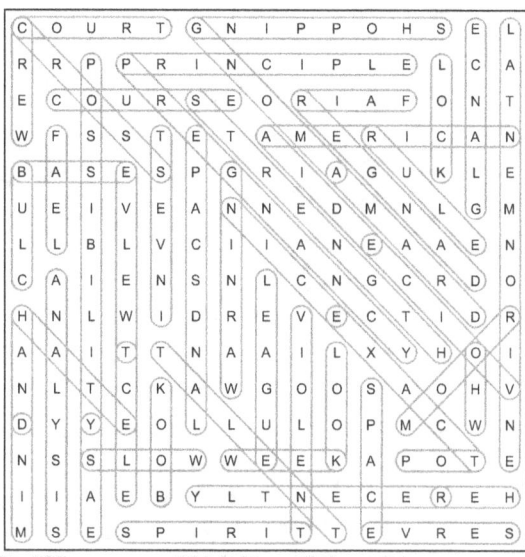

Puzzle #43

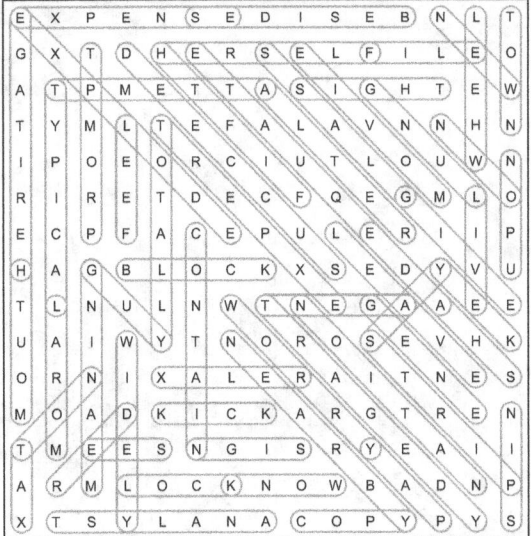

Puzzle #44

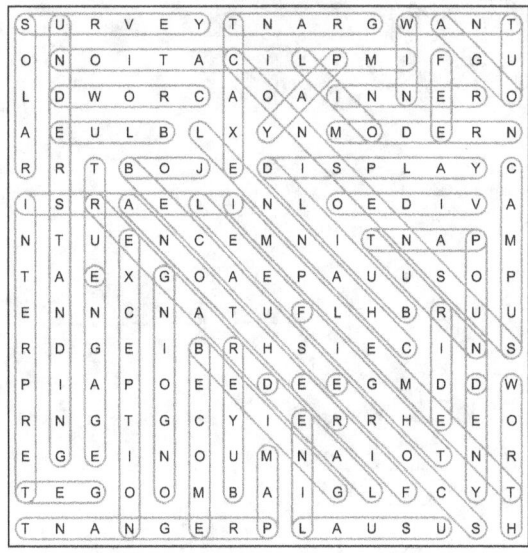

Puzzle #45

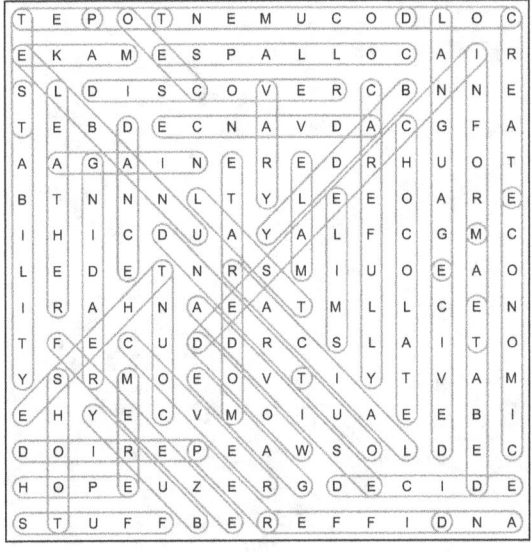

Puzzle #46

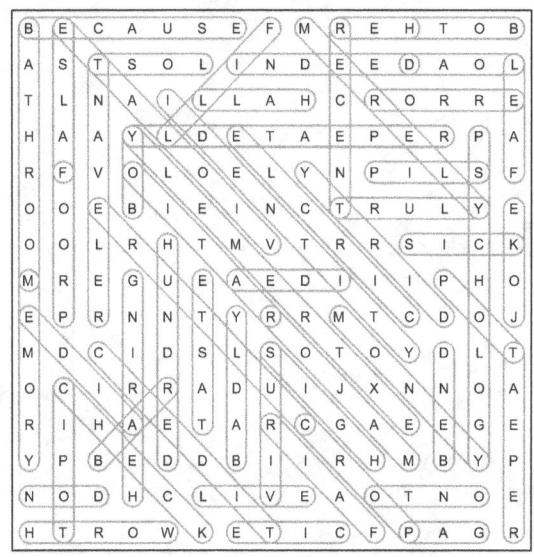

Puzzle #47

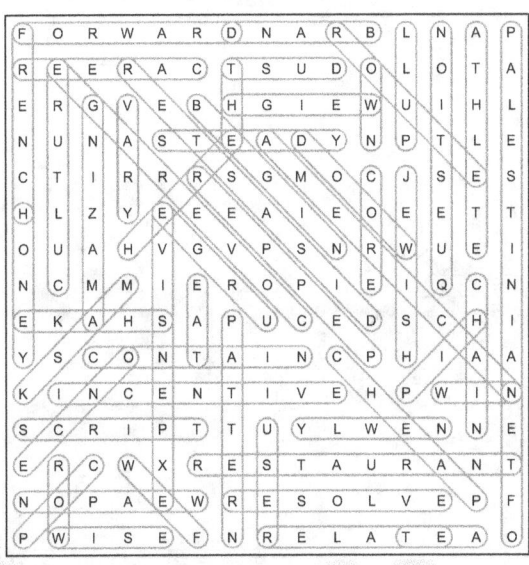

Puzzle #48

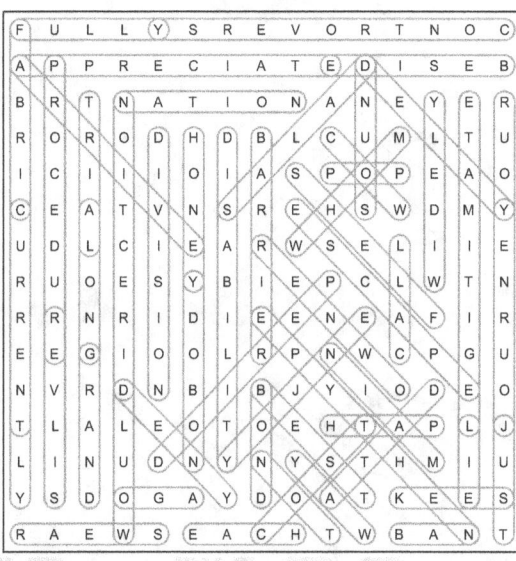

Puzzle #49

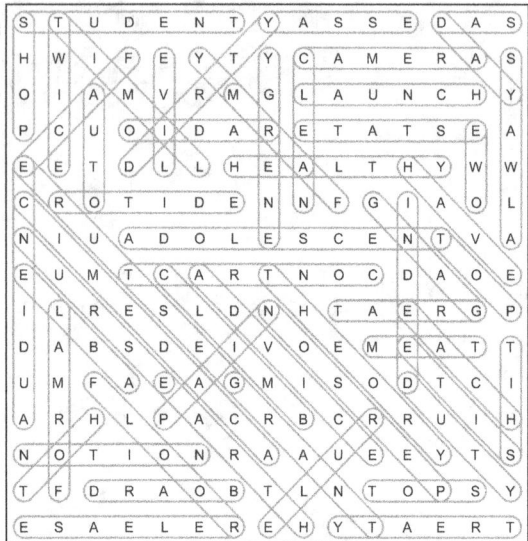

Puzzle #50

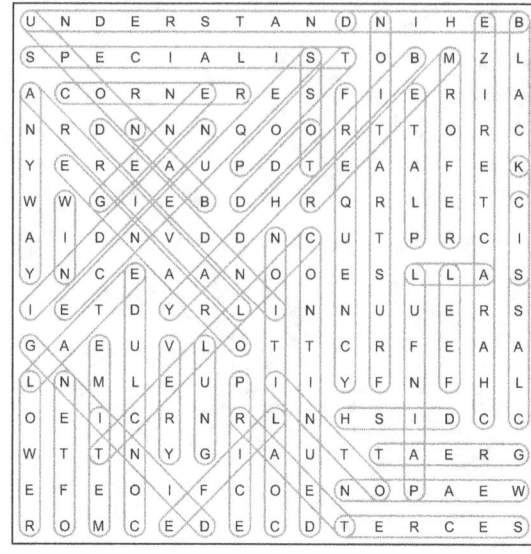

Puzzle #51

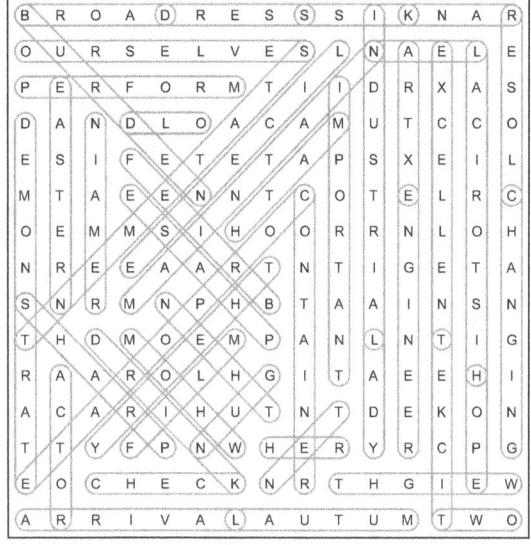

Puzzle #52

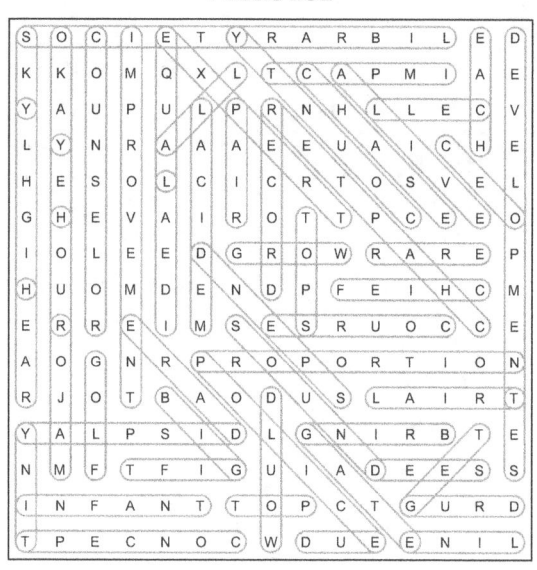

Puzzle #53

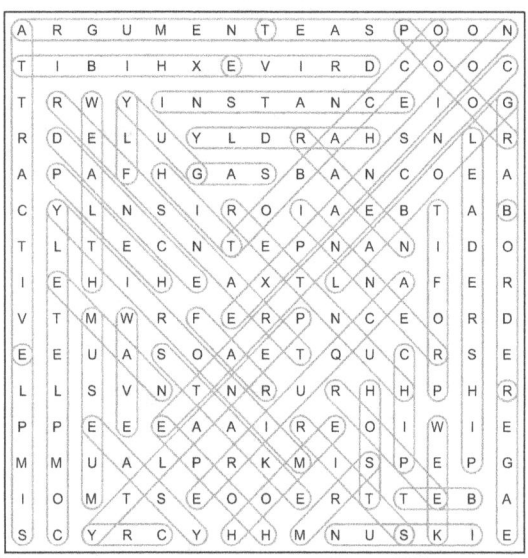

Puzzle #54

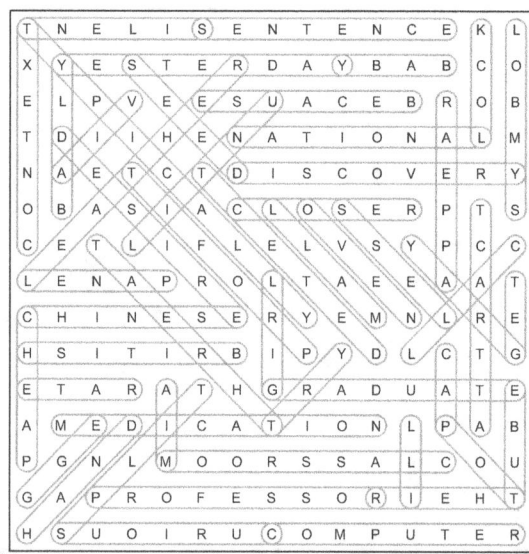

Puzzle #55

T	E	R	R	I	T	O	R	Y	I	P	N	R	U	B
N	O	I	T	A	C	I	D	E	M	R	O	E	A	E
E	D	I	S	A	D	E	Y	B	A	O	I	V	C	F
D	T	A	I	R	E	I	T	L	G	G	T	O	T	I
I	F	I	T	N	E	S	S	A	E	R	C	L	I	L
C	E	D	L	L	V	S	E	C	D	E	I	E	V	L
N	N	S	D	L	S	A	O	K	U	S	R	B	I	I
I	C	B	C	R	E	W	S	L	A	T	A	T	T	T
N	E	D	R	U	B	T	E	I	C	W	S	L	Y	S
T	R	O	F	M	O	C	A	A	O	K	E	K	M	H
N	O	I	T	C	E	L	E	S	R	N	R	C	I	A
I	N	T	E	N	T	I	O	N	O	I	T	O	N	K
G	R	A	N	D	M	O	T	H	E	R	A	H	D	E
H	C	N	U	B	R	A	N	C	H	D	D	H	S	U
T	H	E	O	R	Y	T	R	E	P	O	R	P	A	Y

Bon coloriage !

Votre avis compte pour nous, n'hésitez pas à nous laisser un commentaire sur le site d'Amazon.

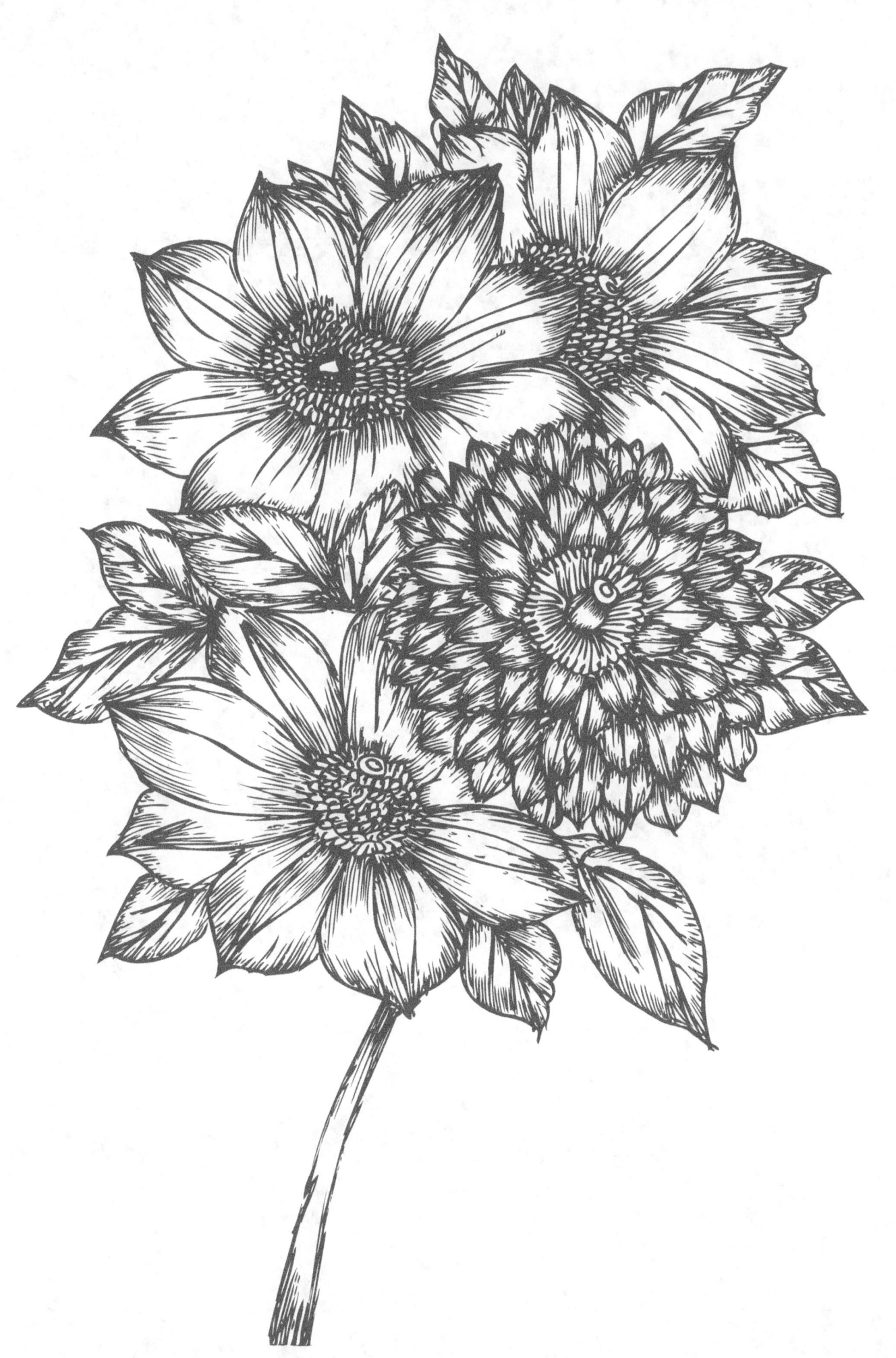

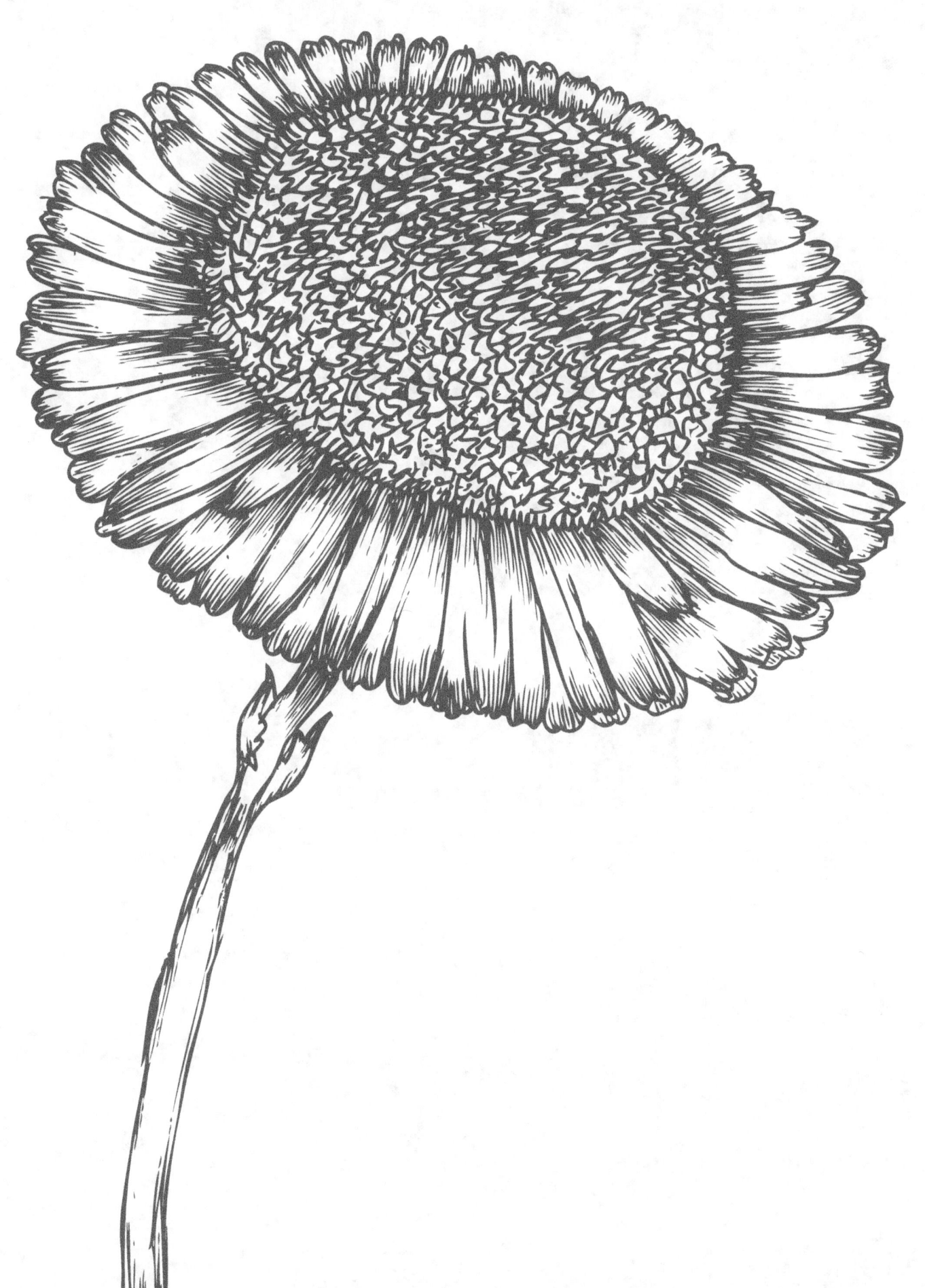

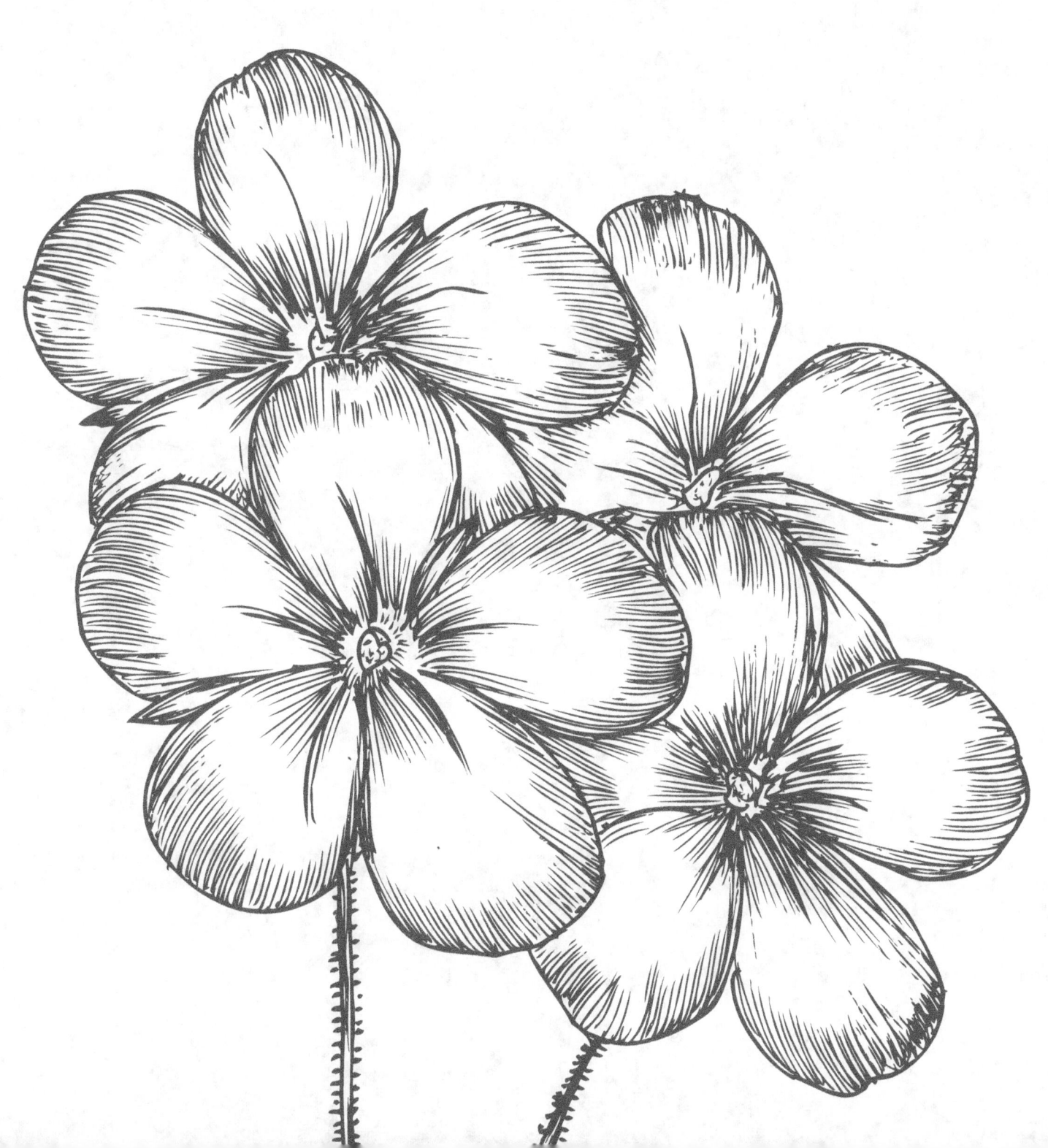

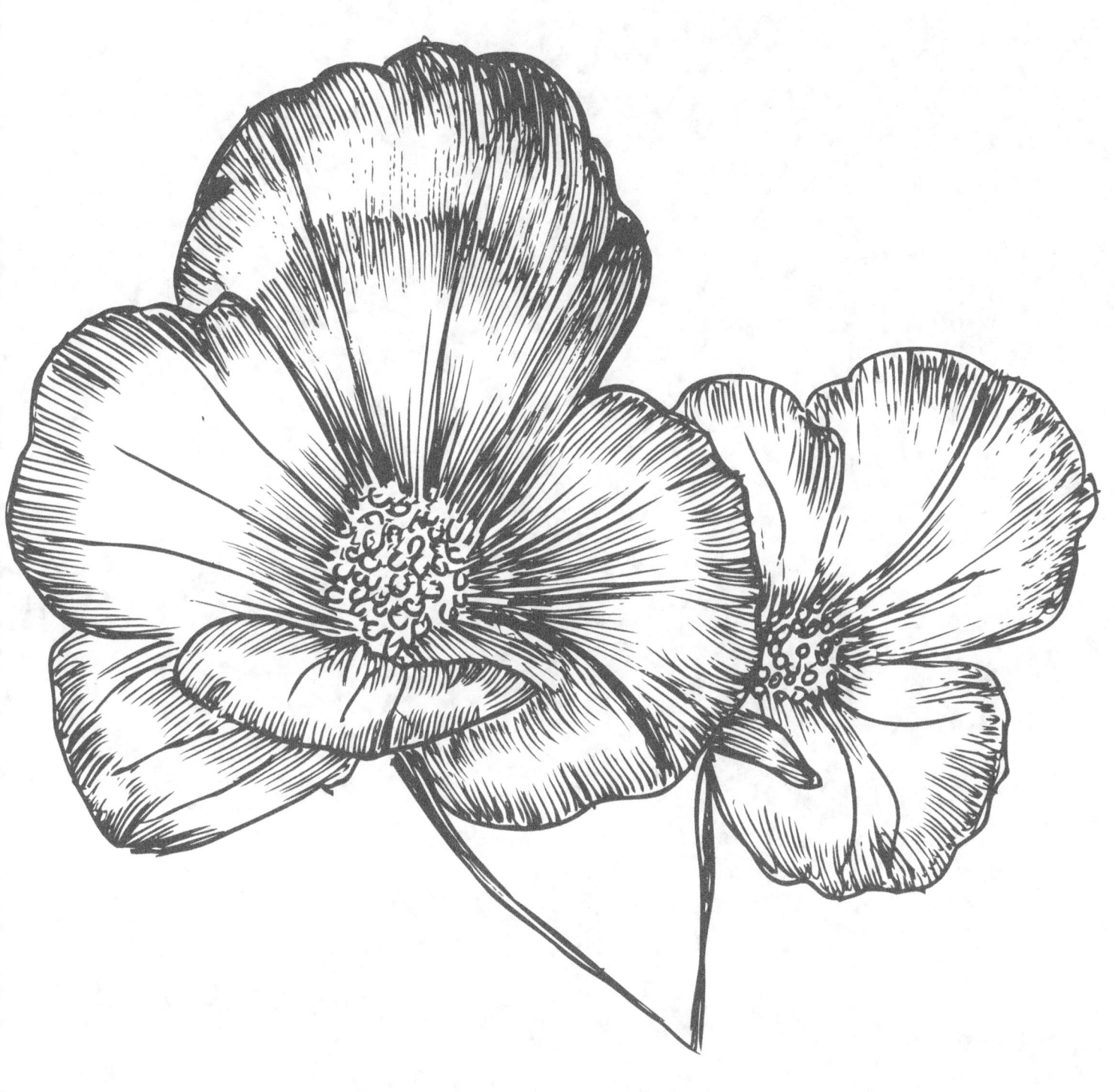

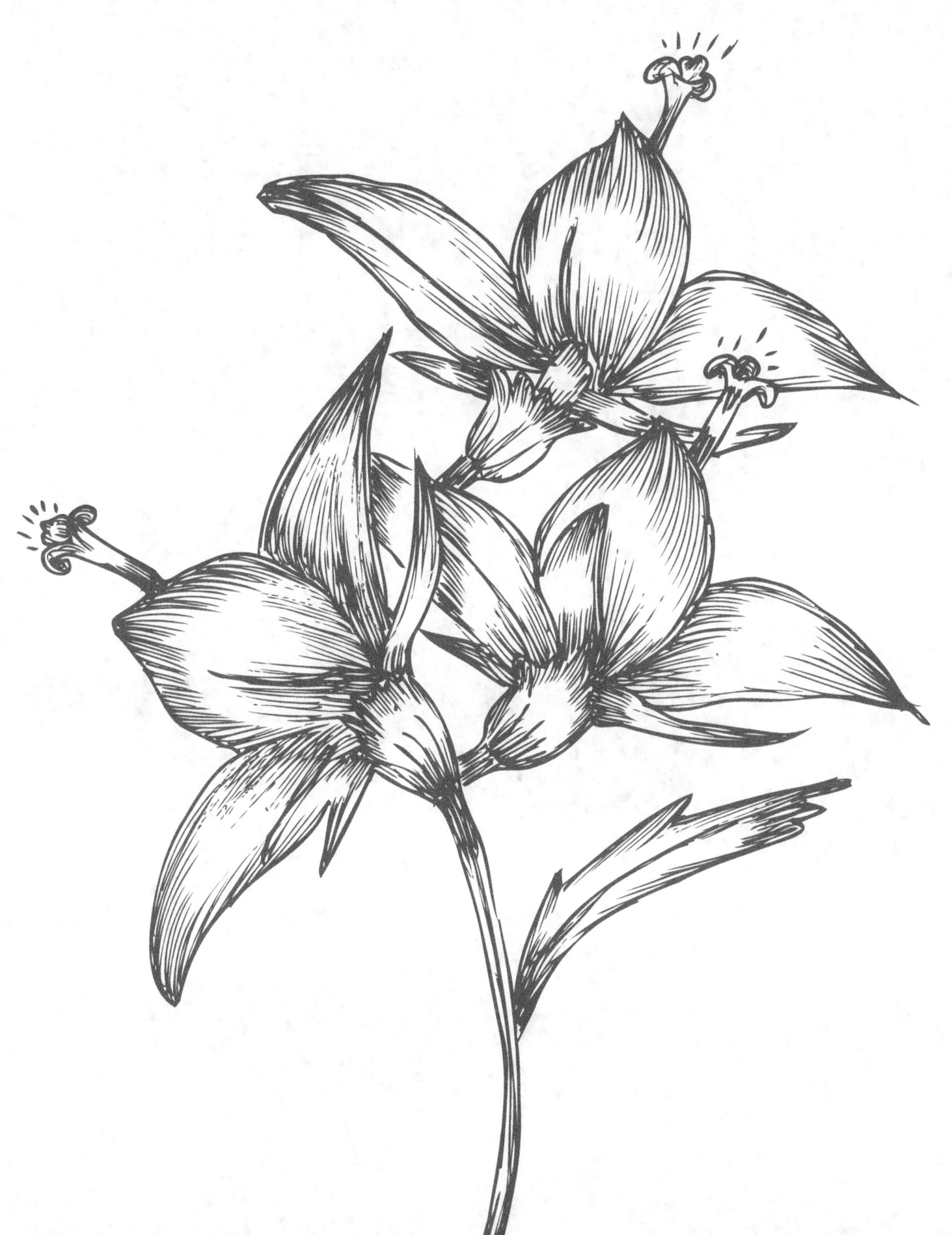

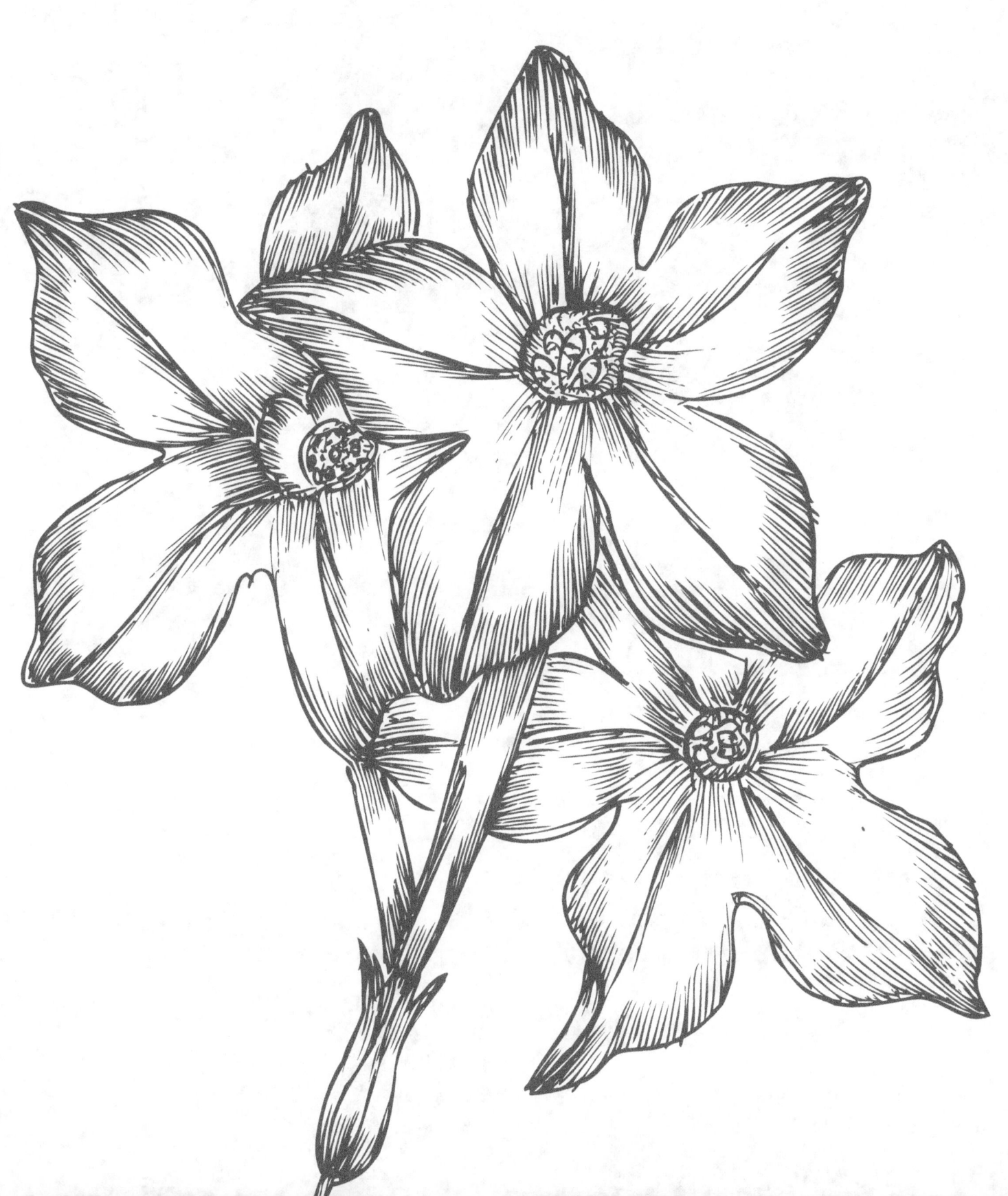

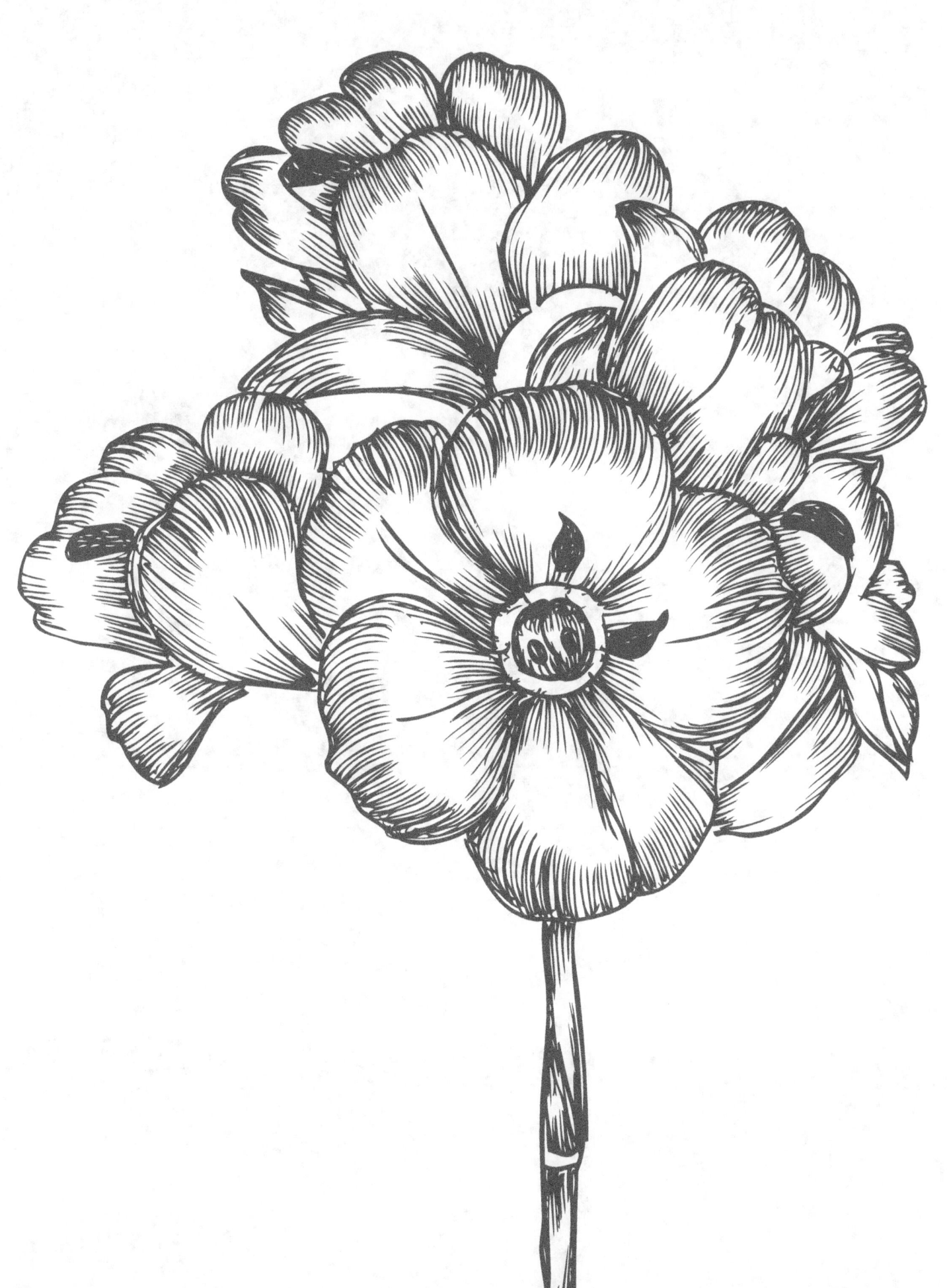

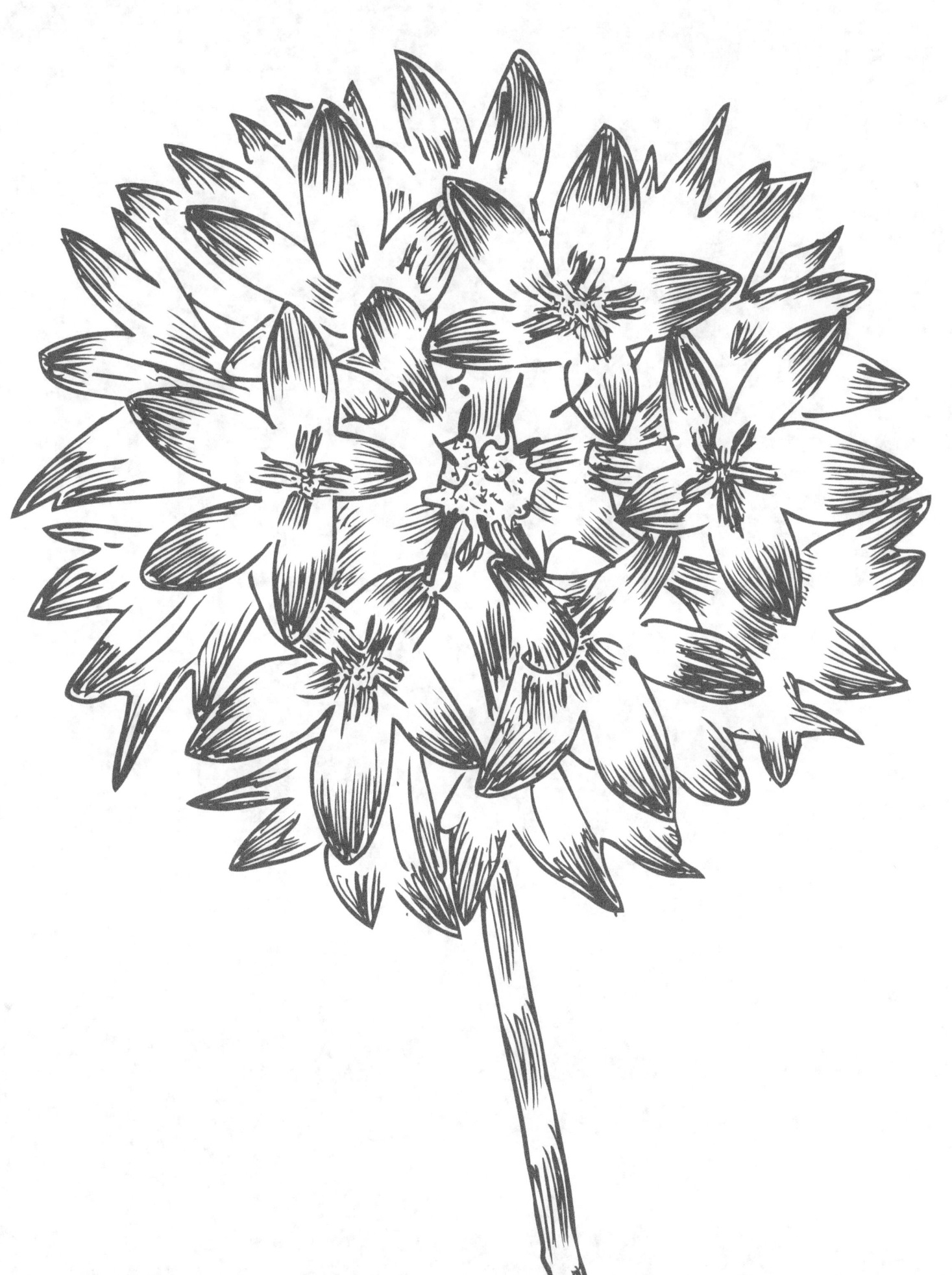

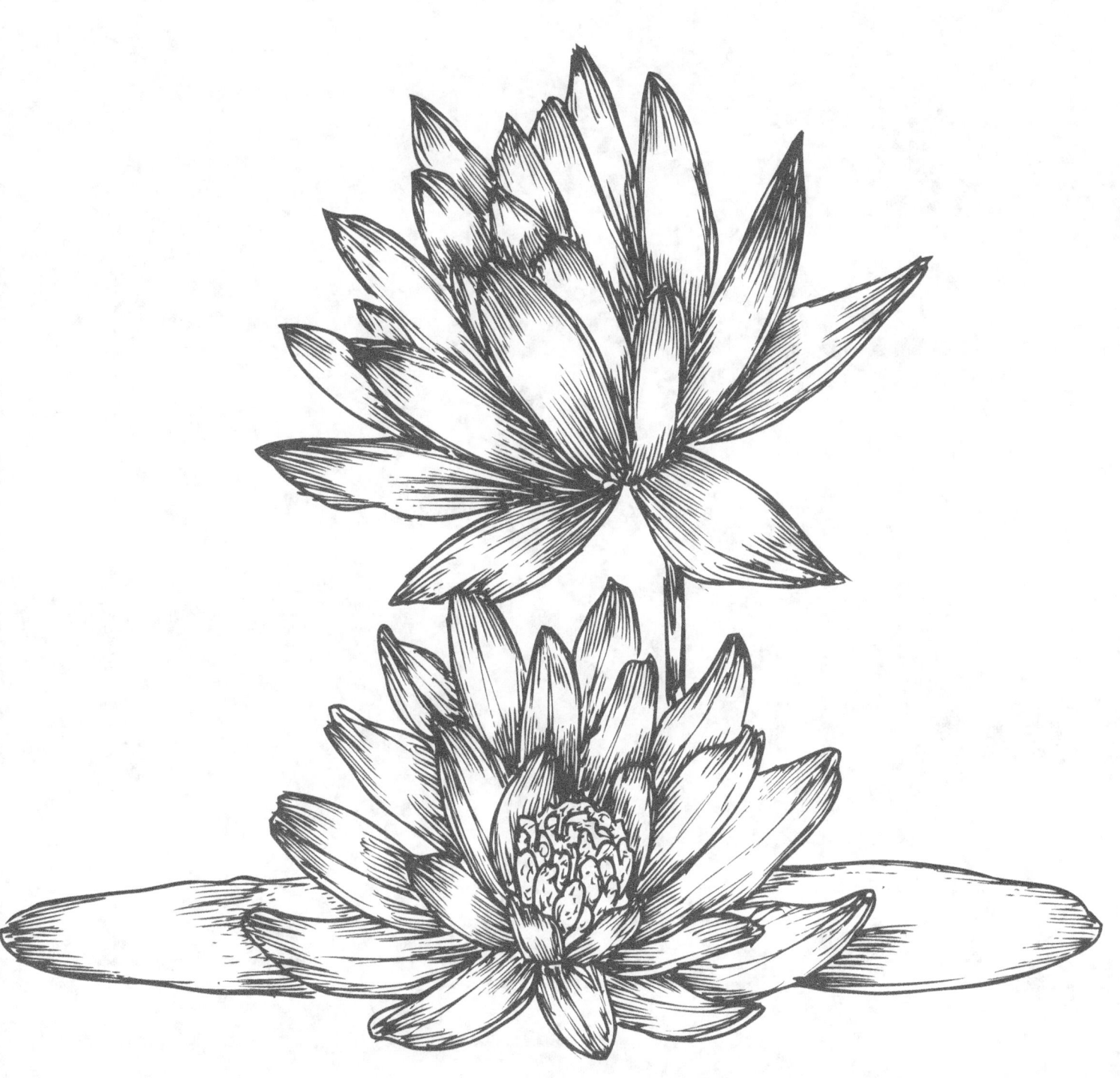

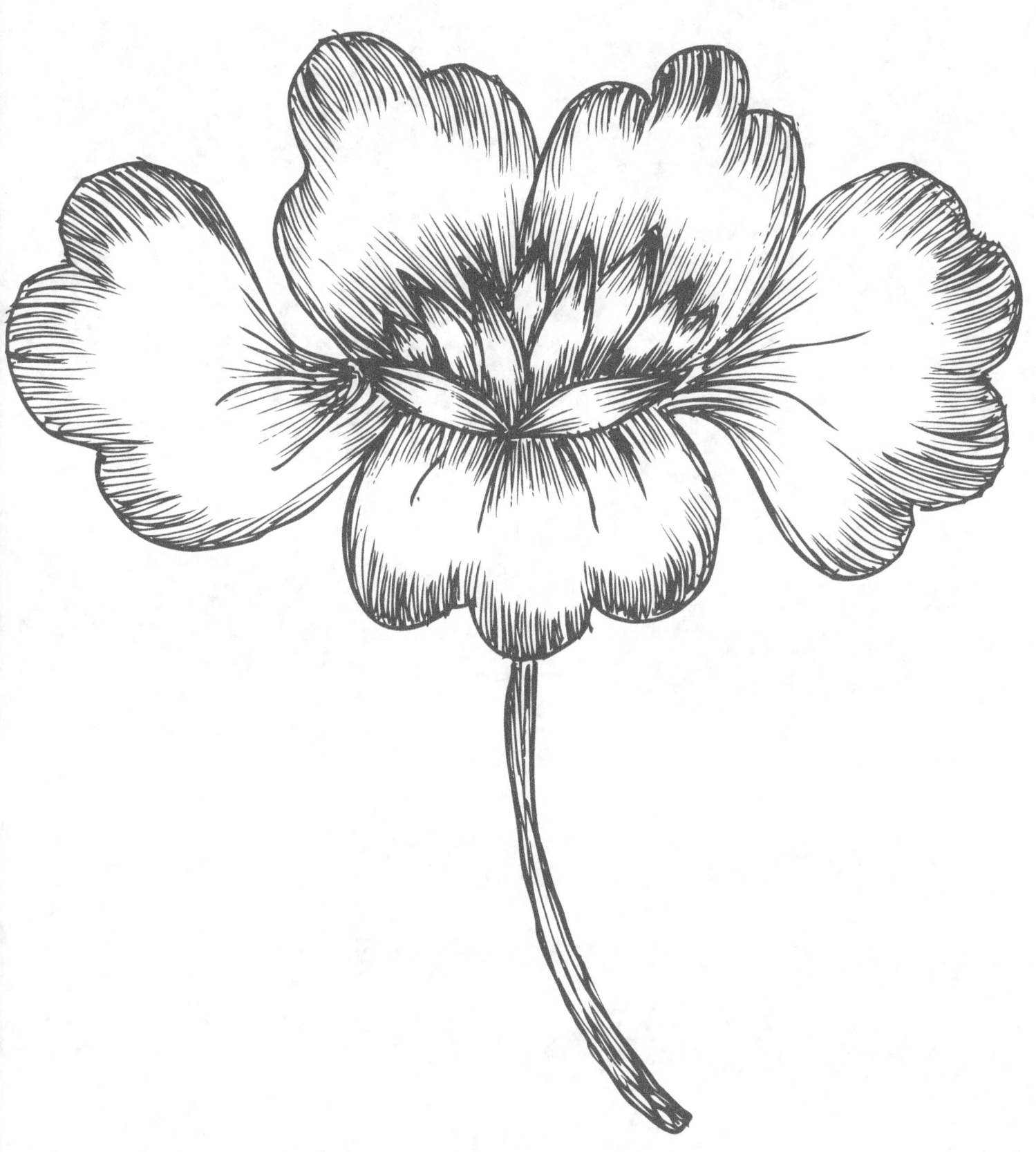

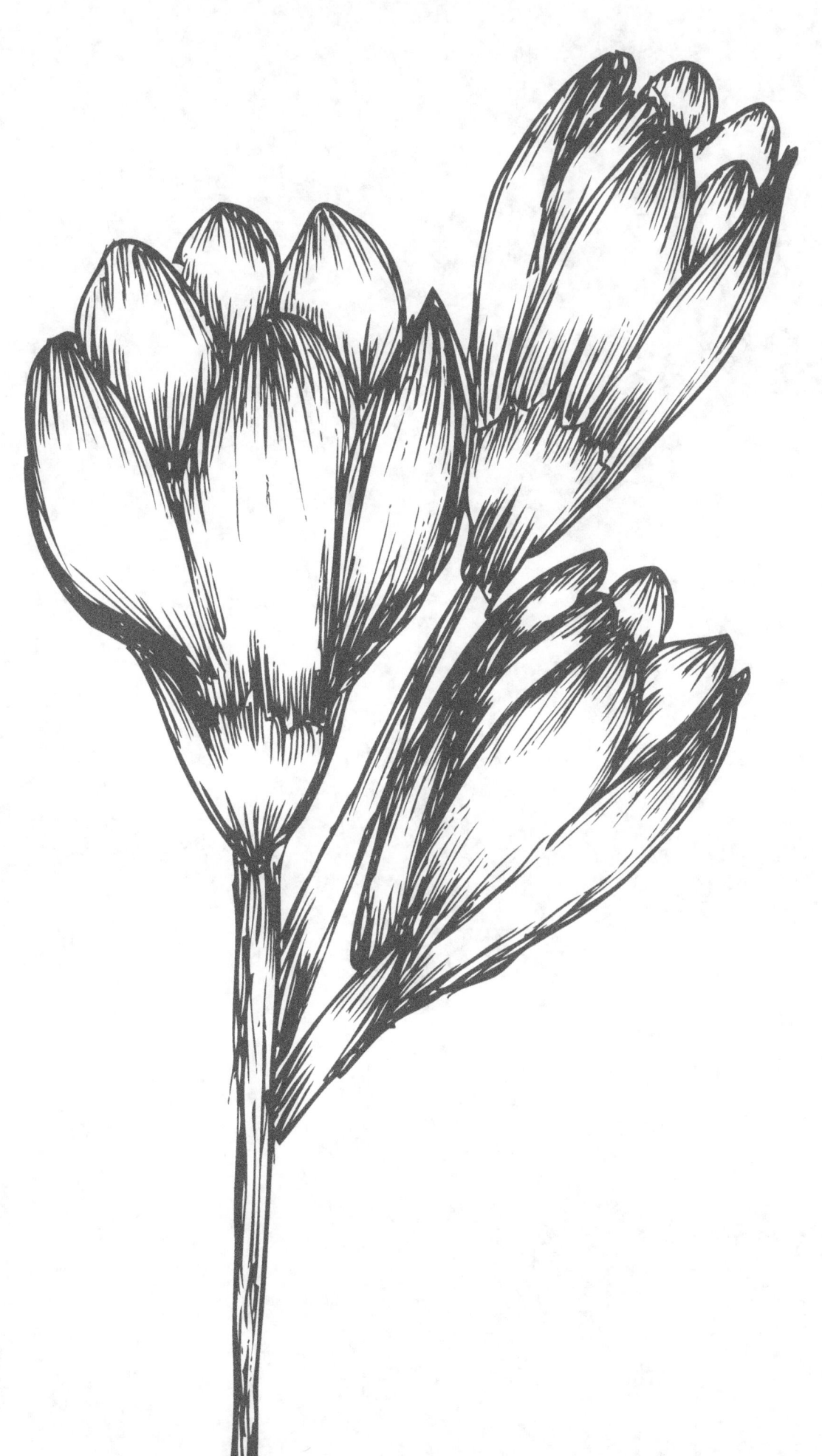

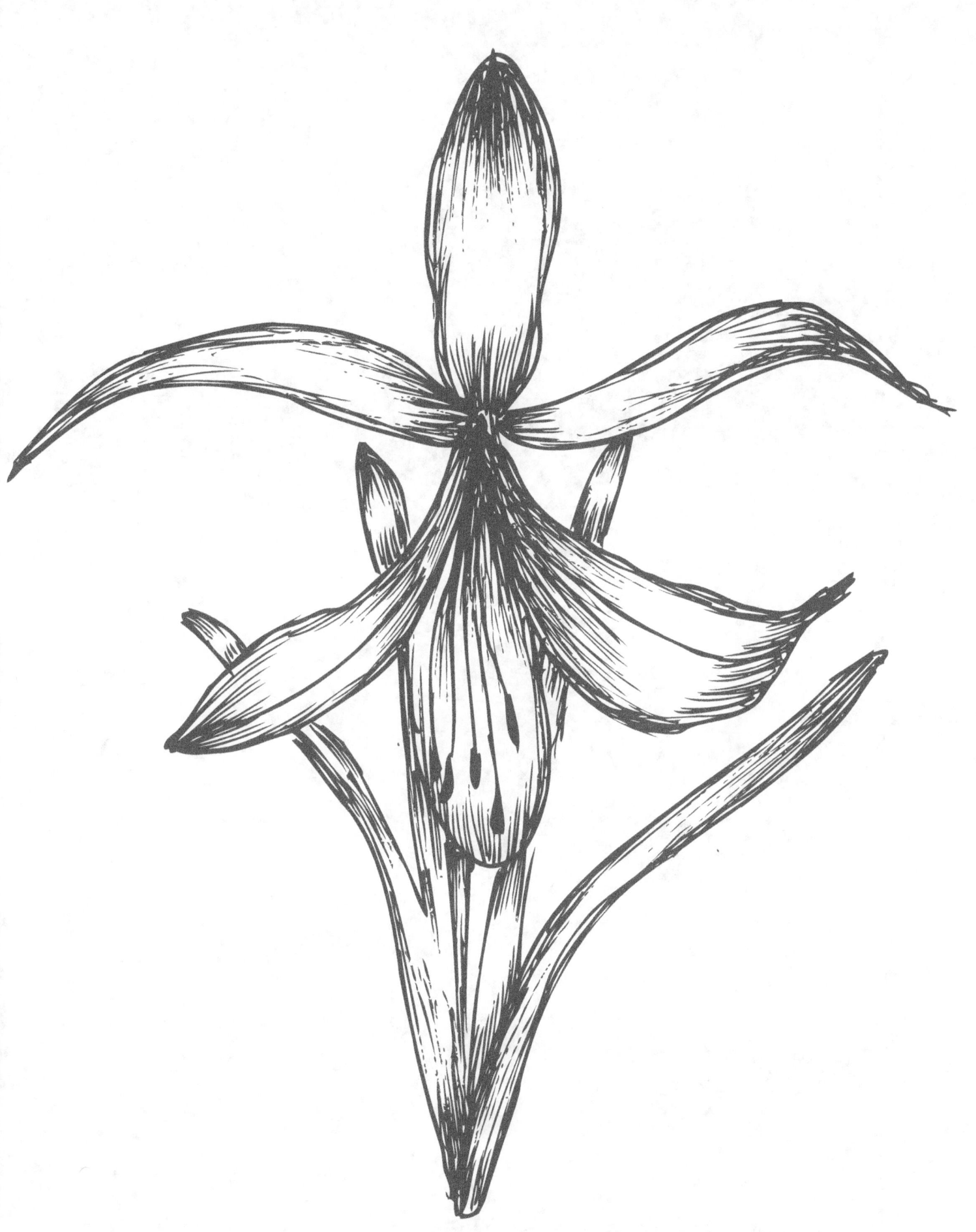

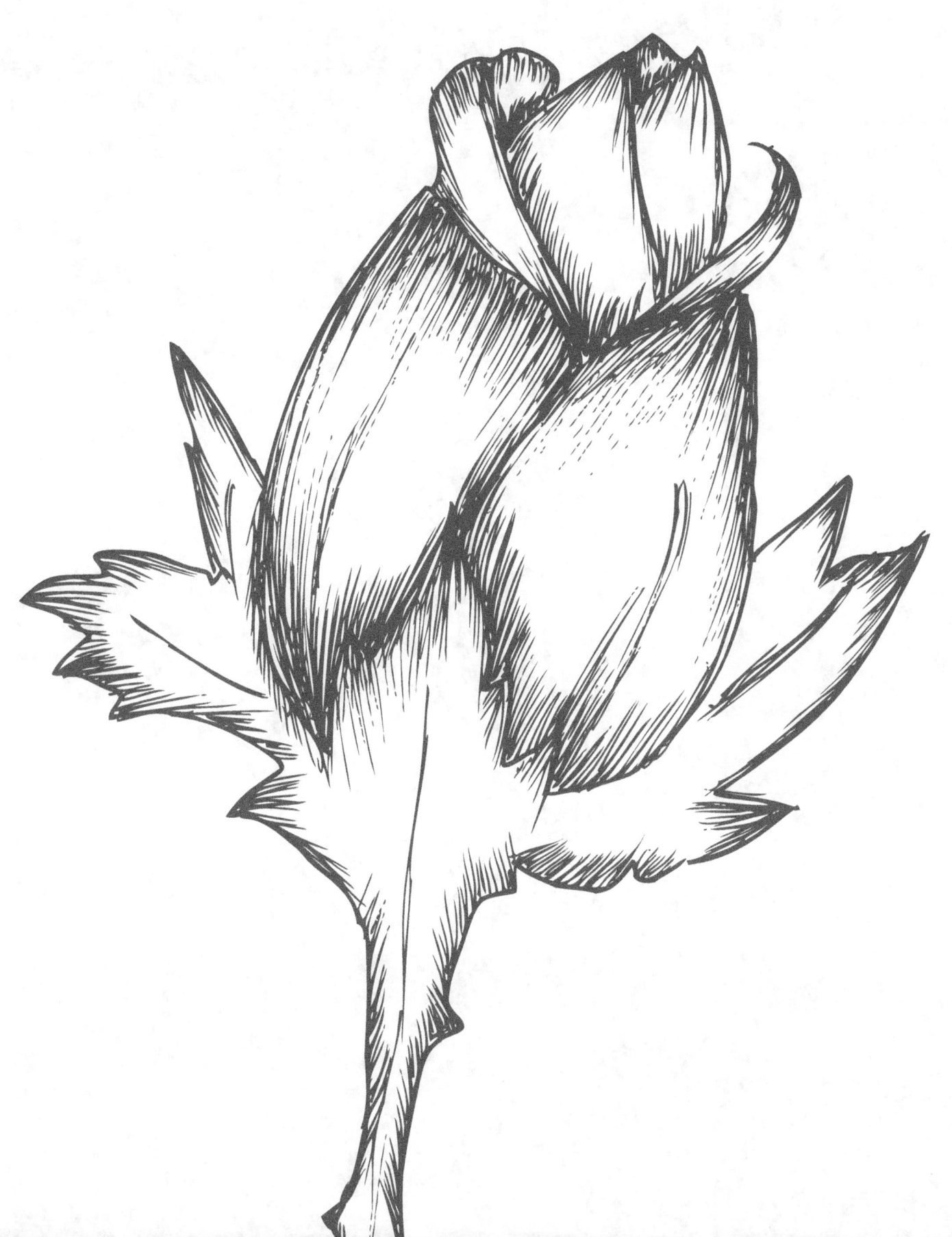

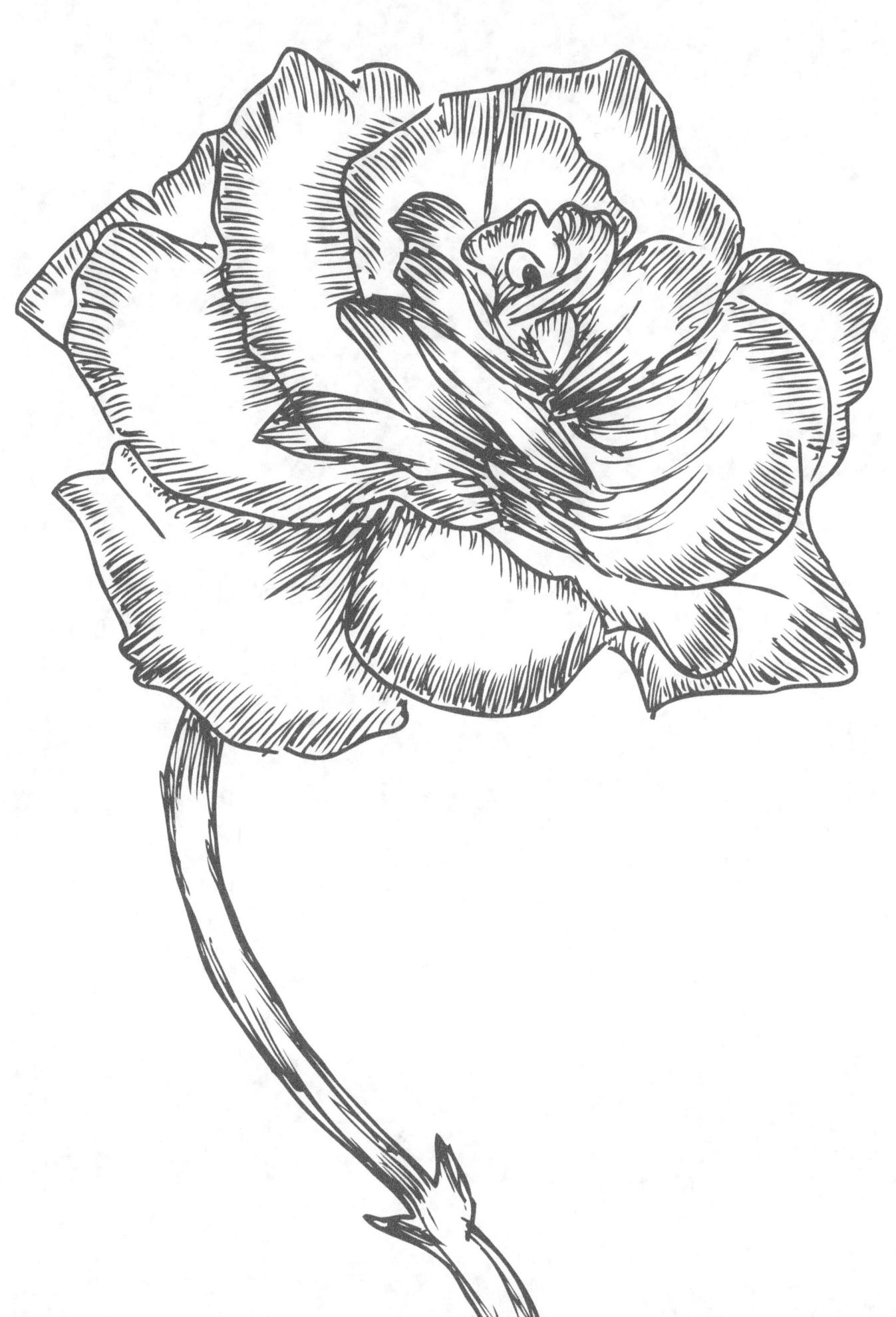

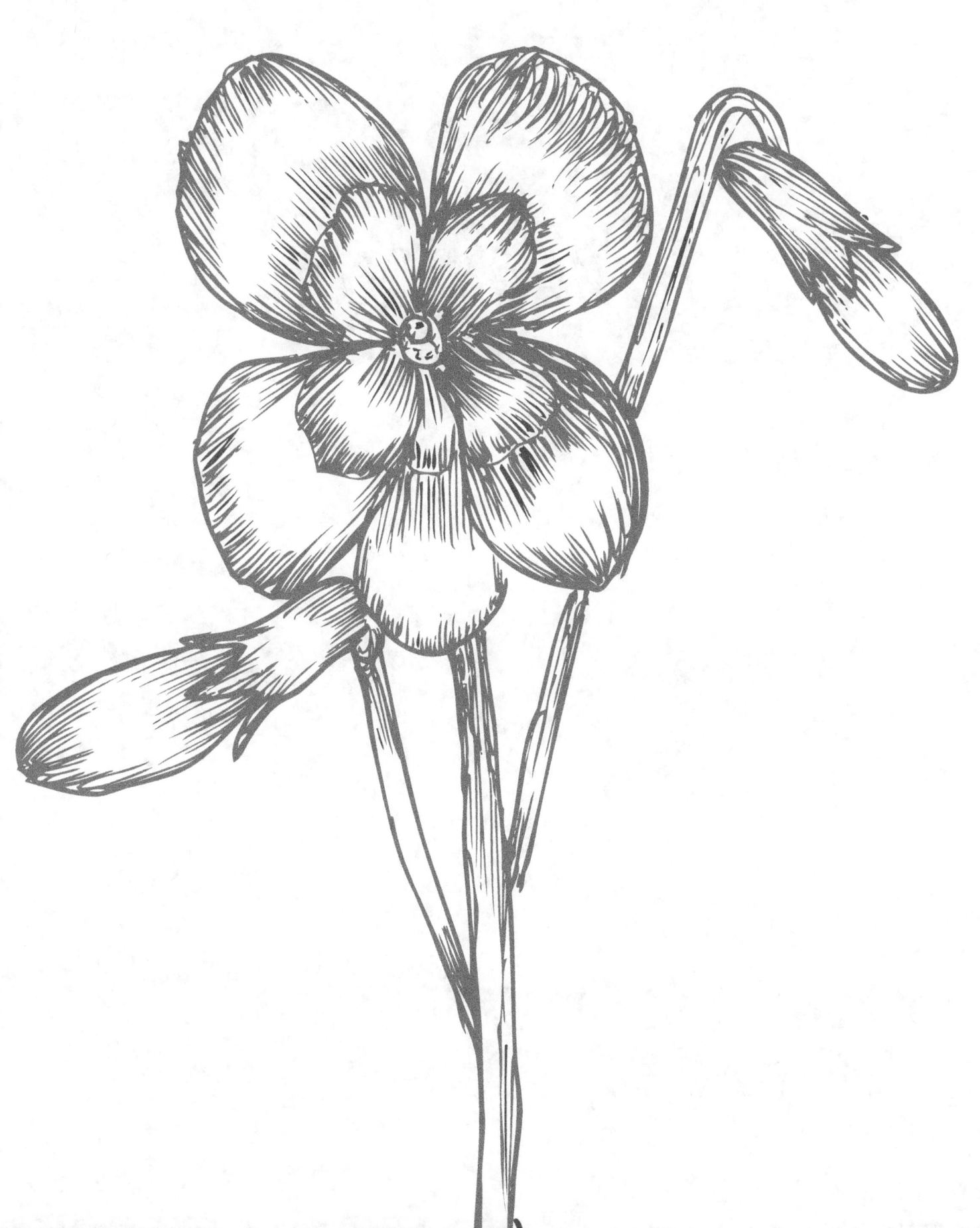

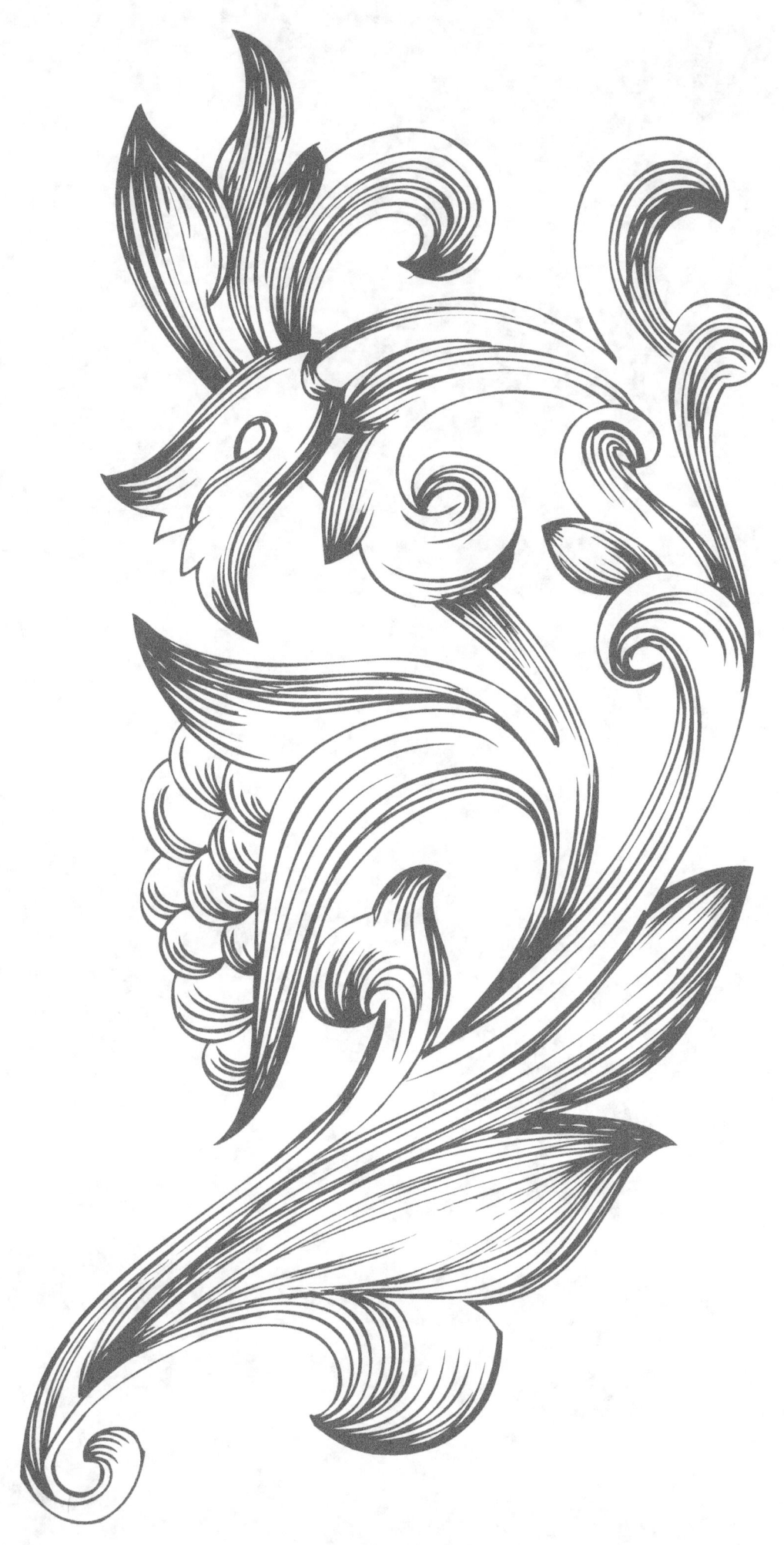

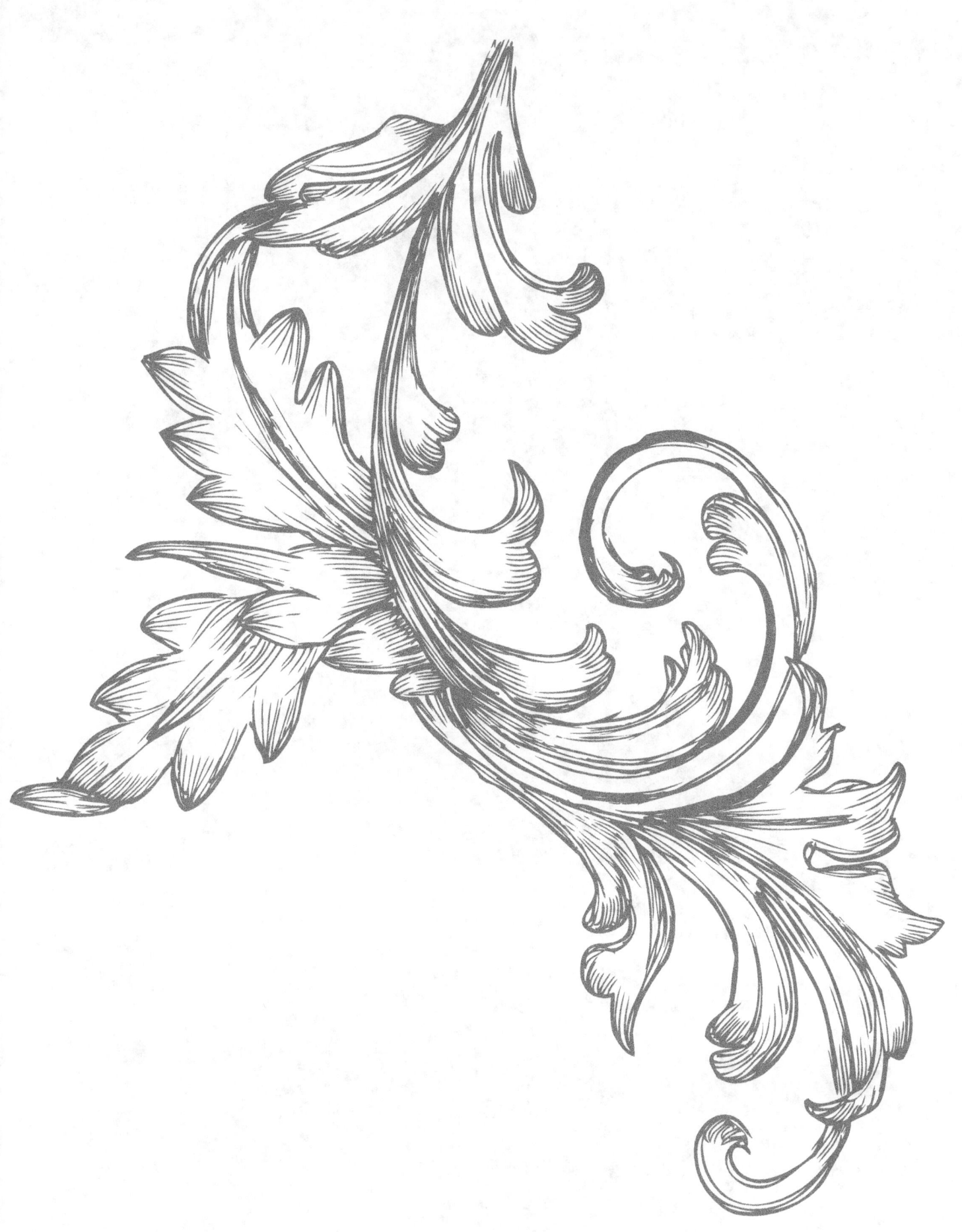

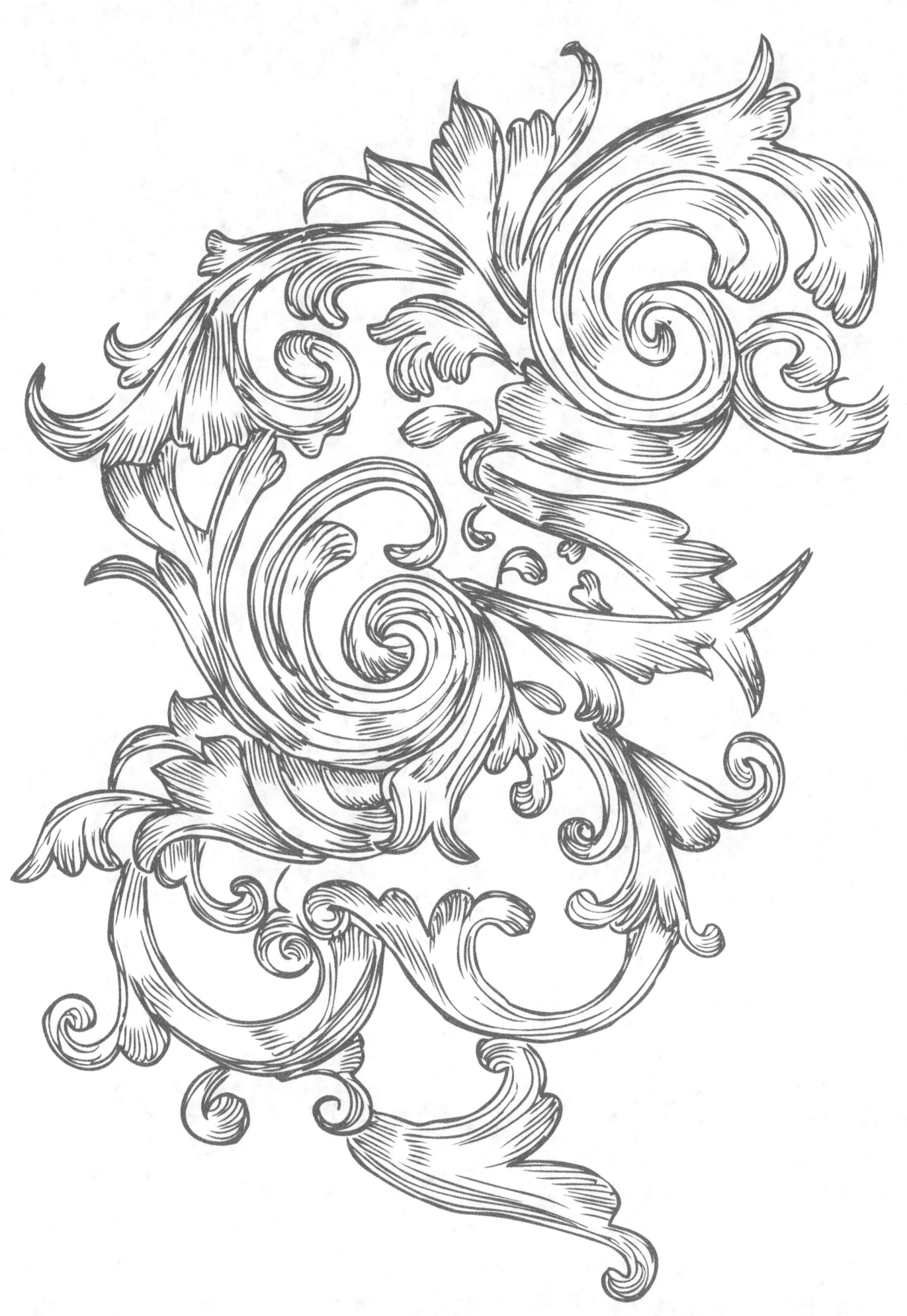

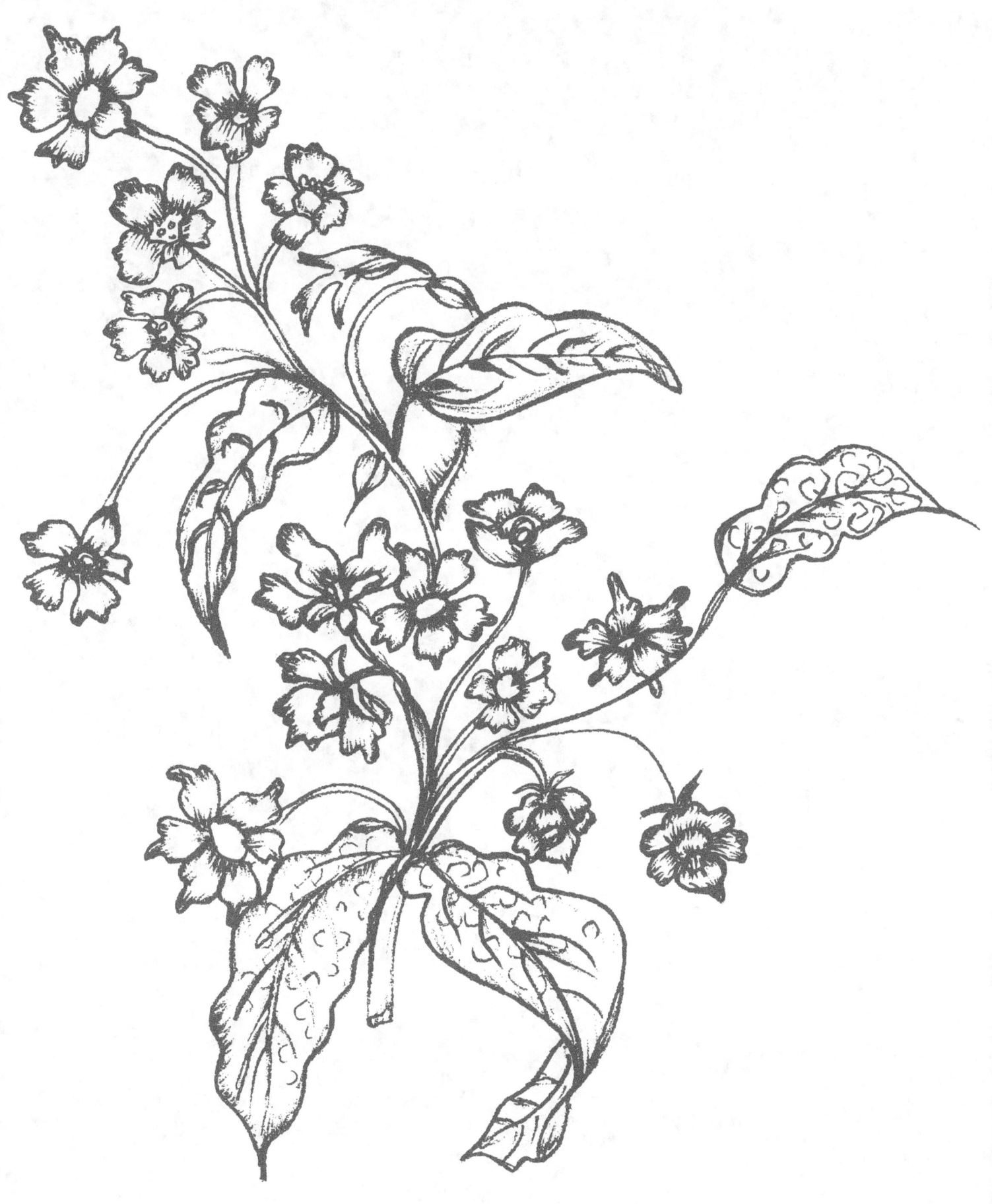

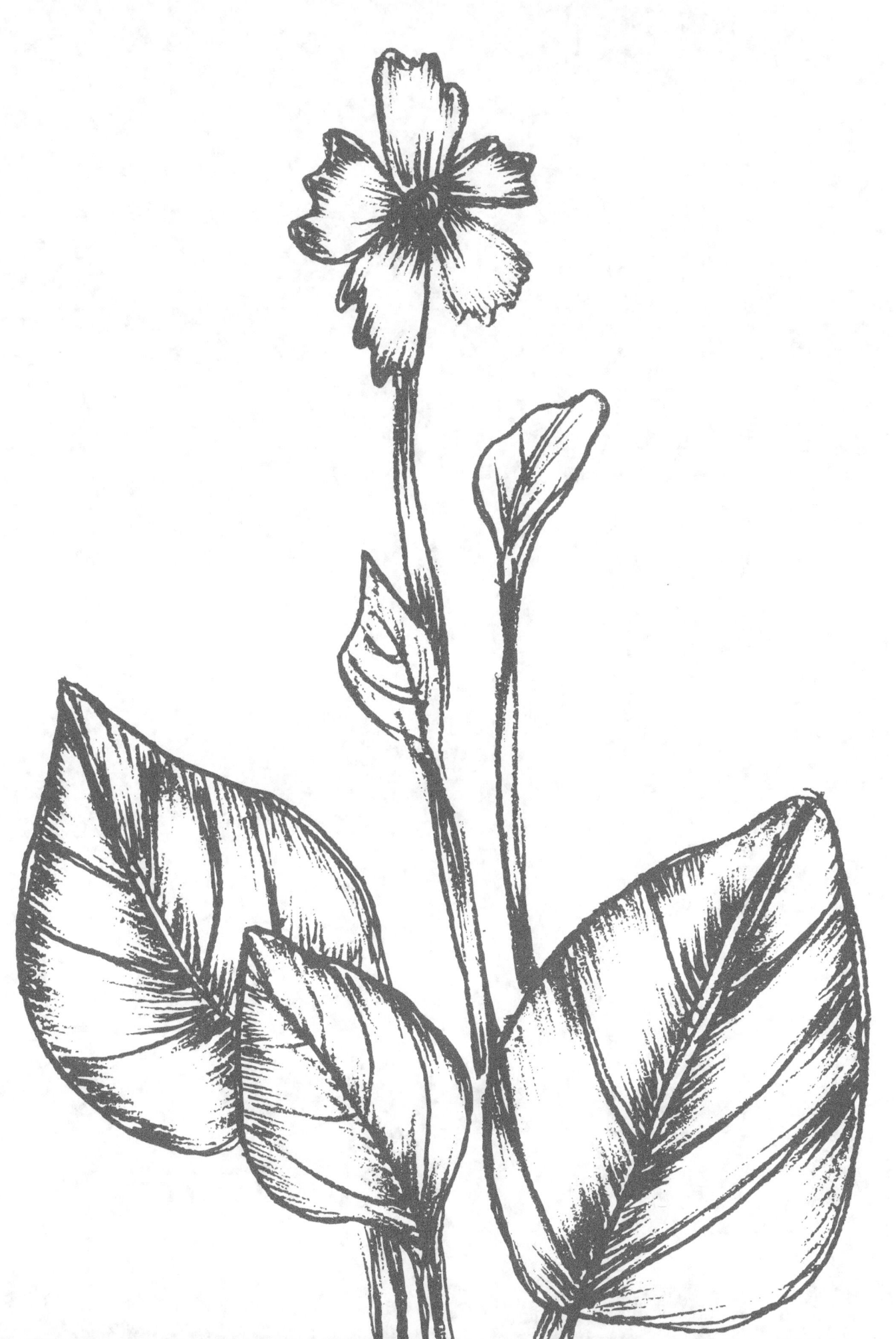

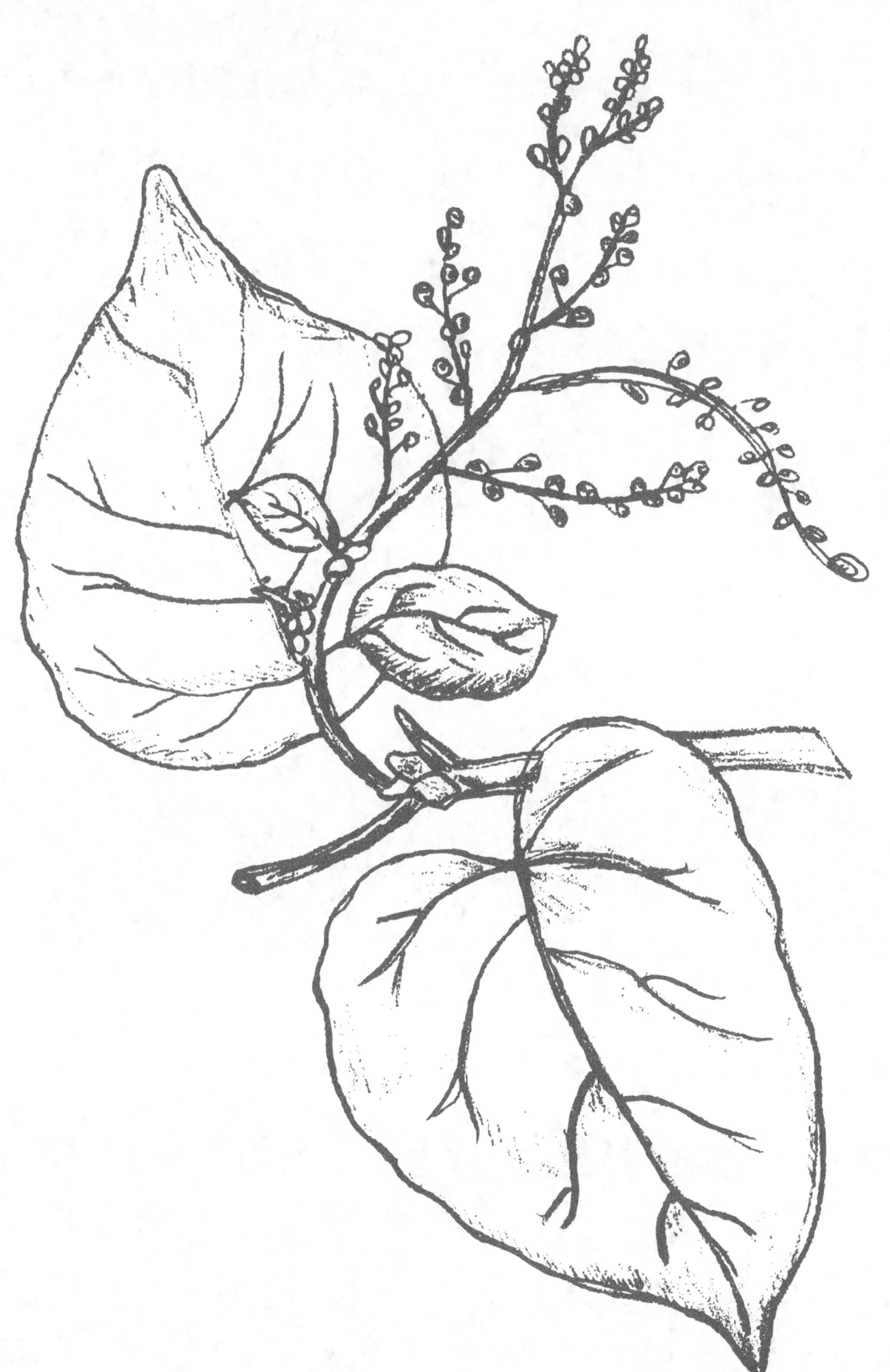

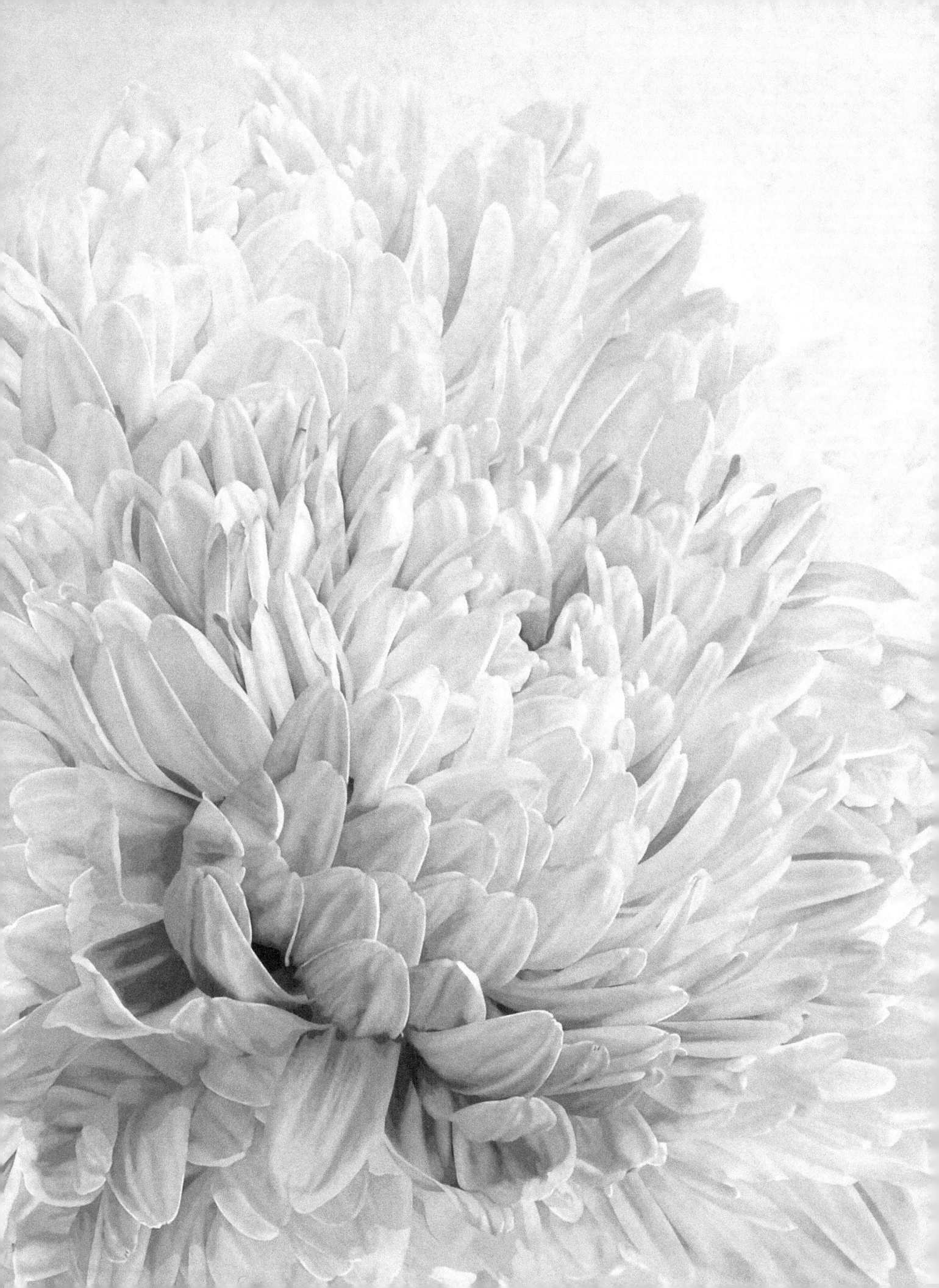

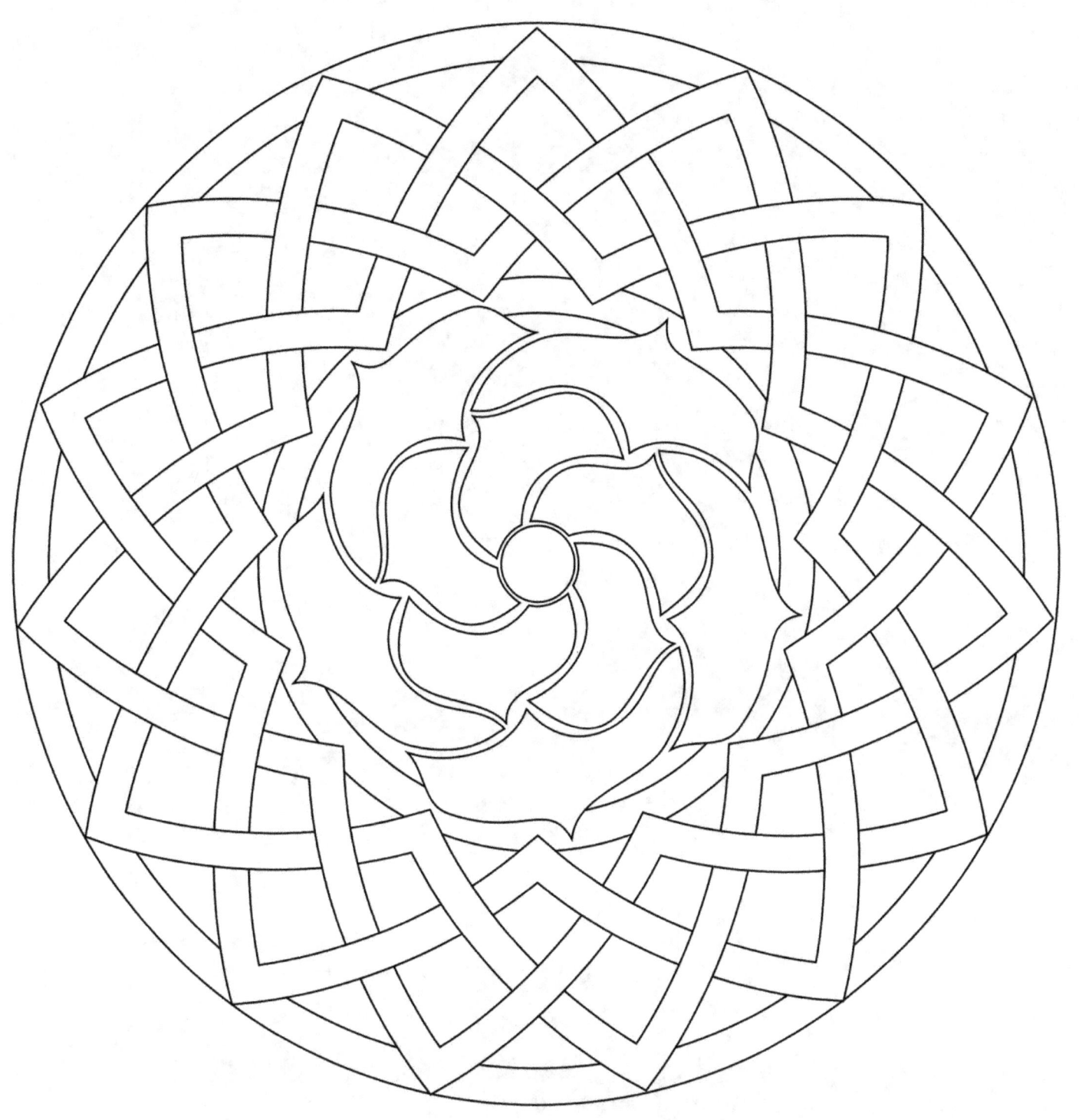

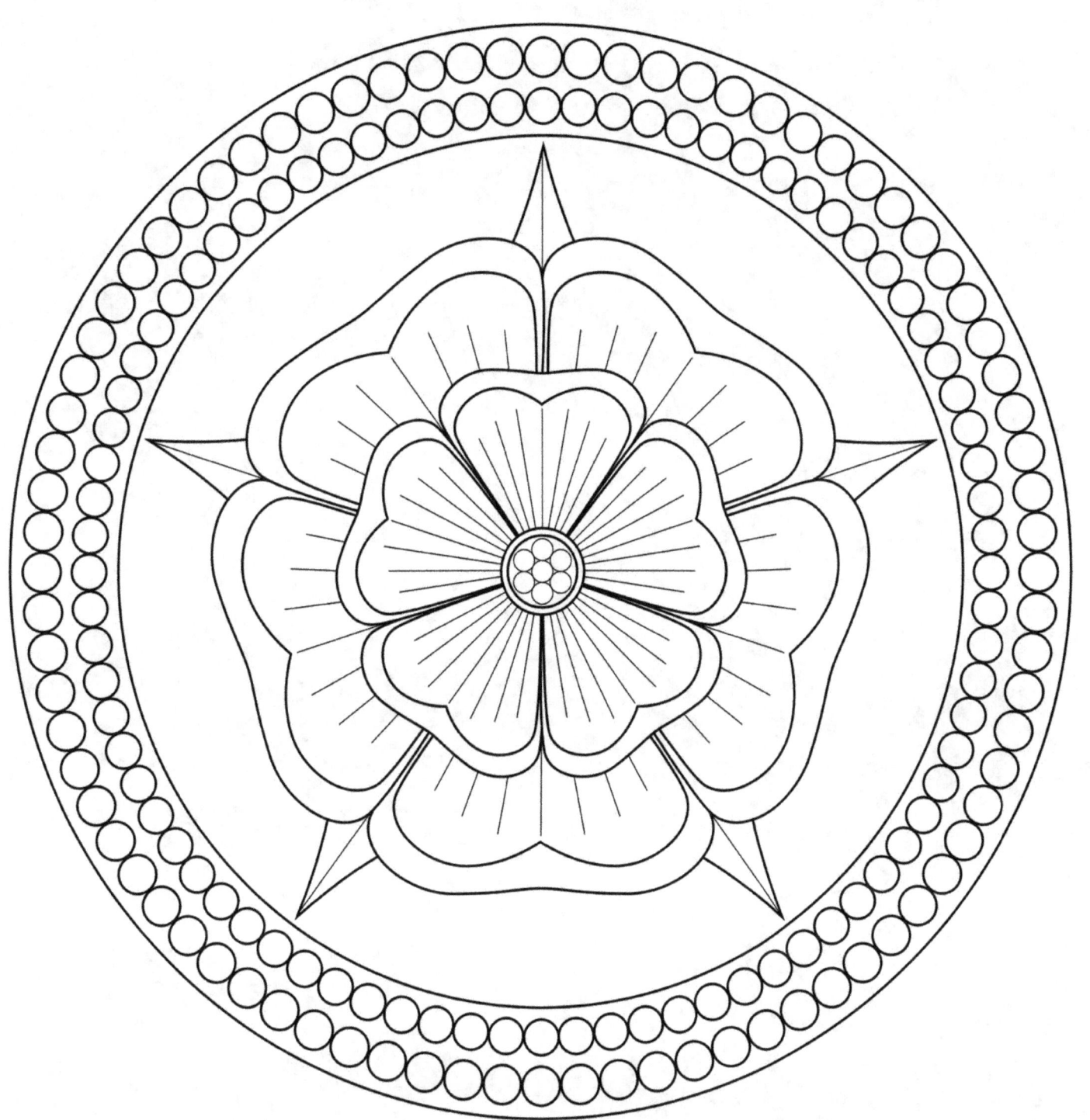

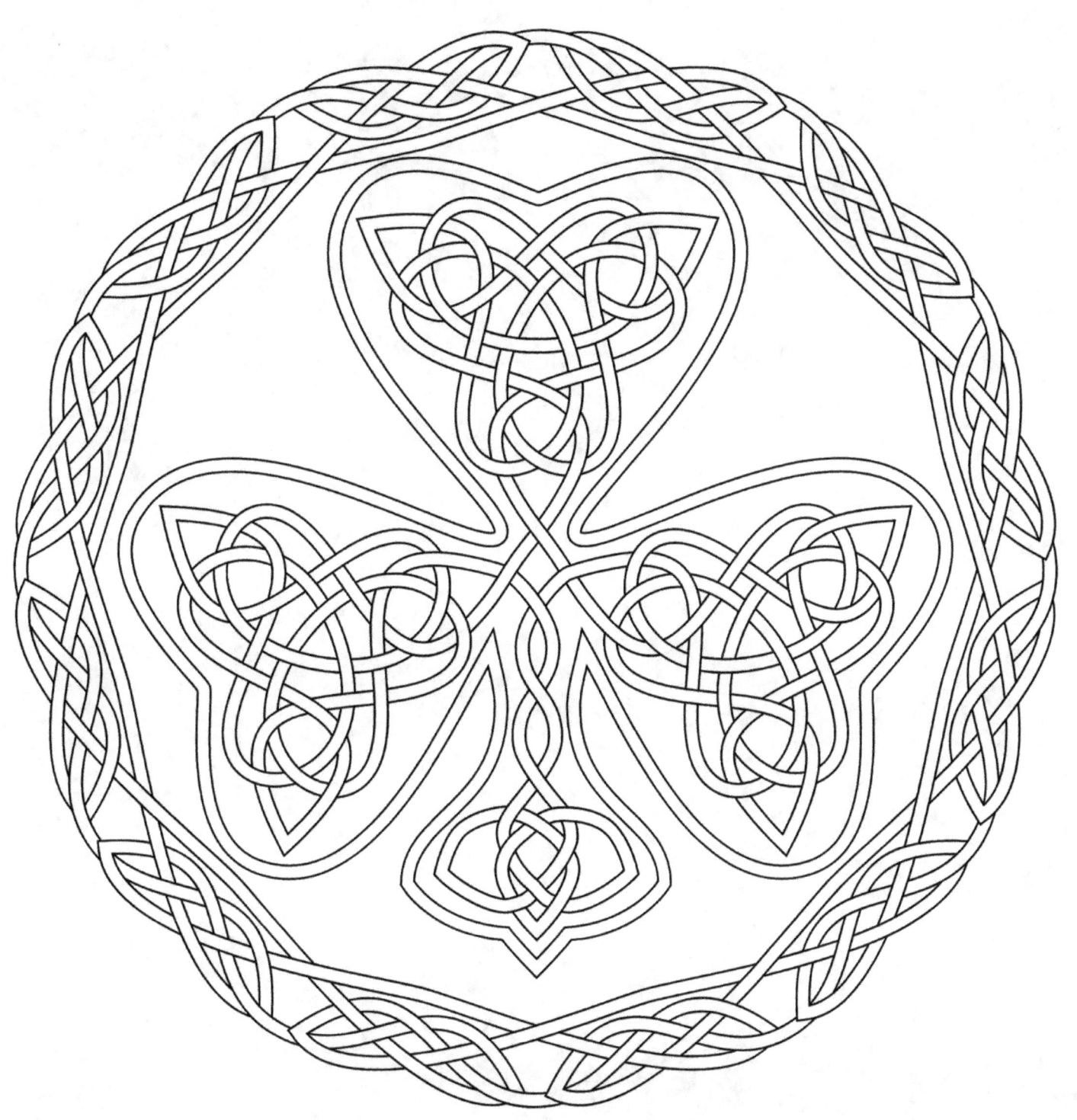

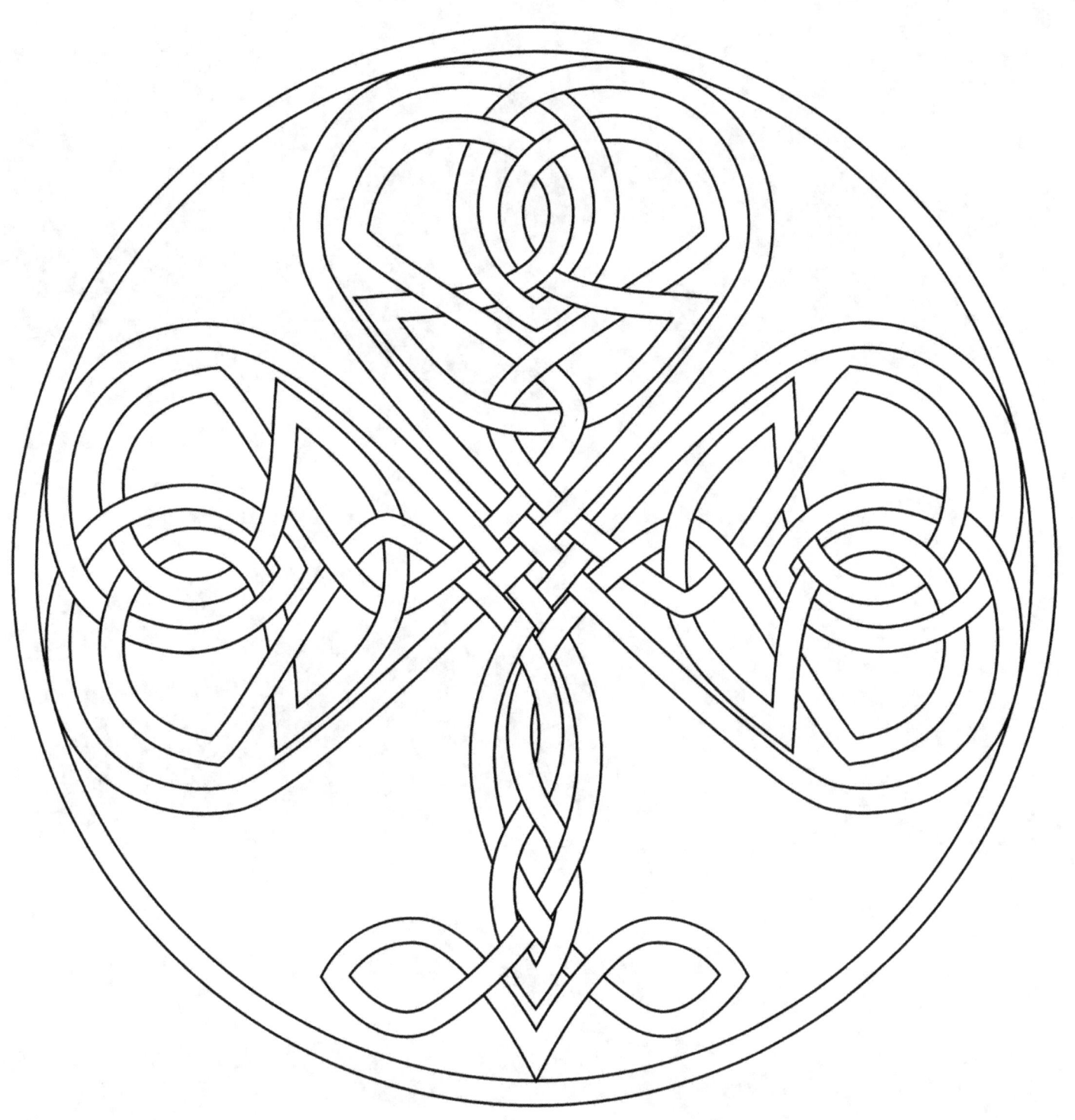

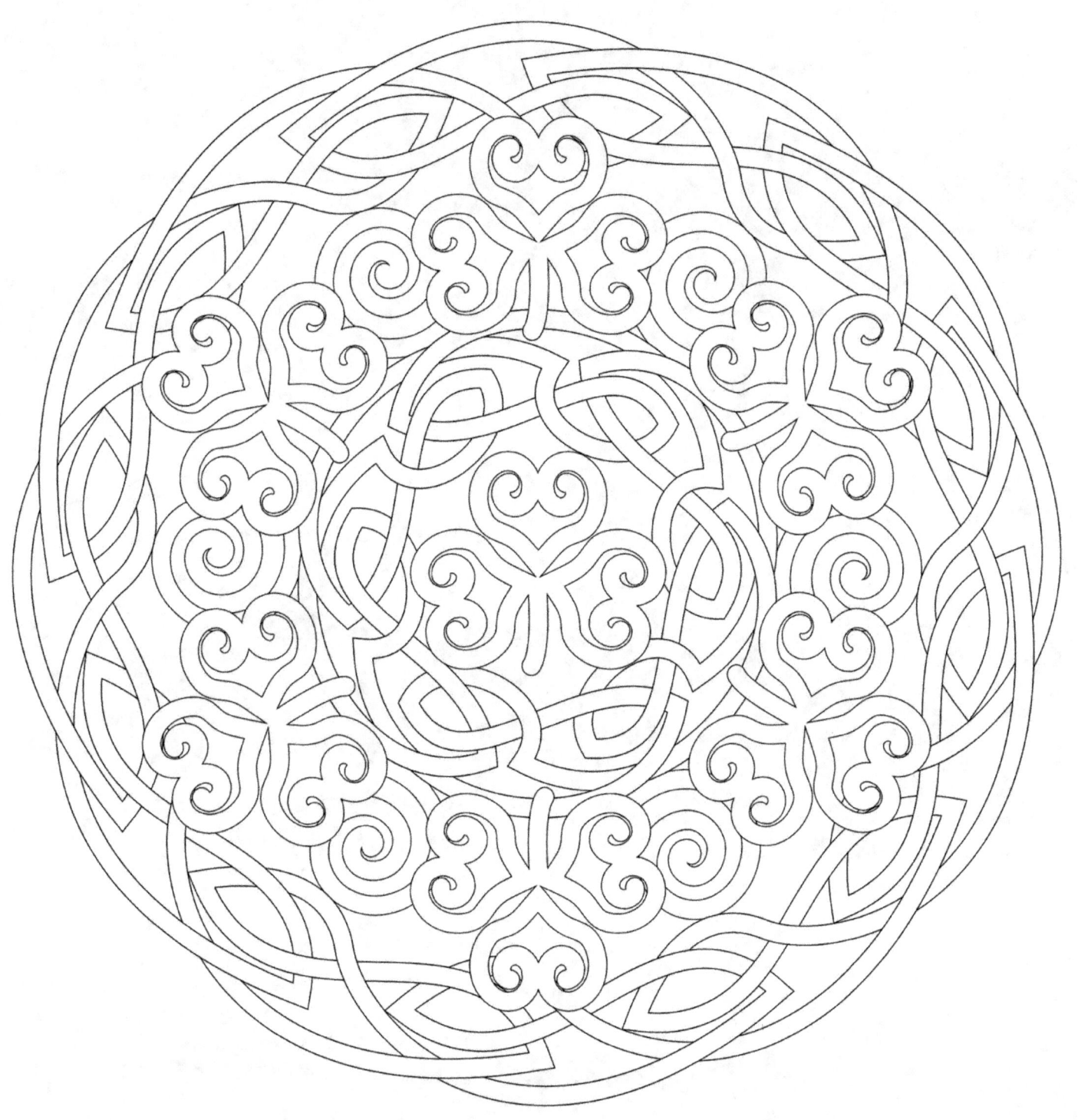

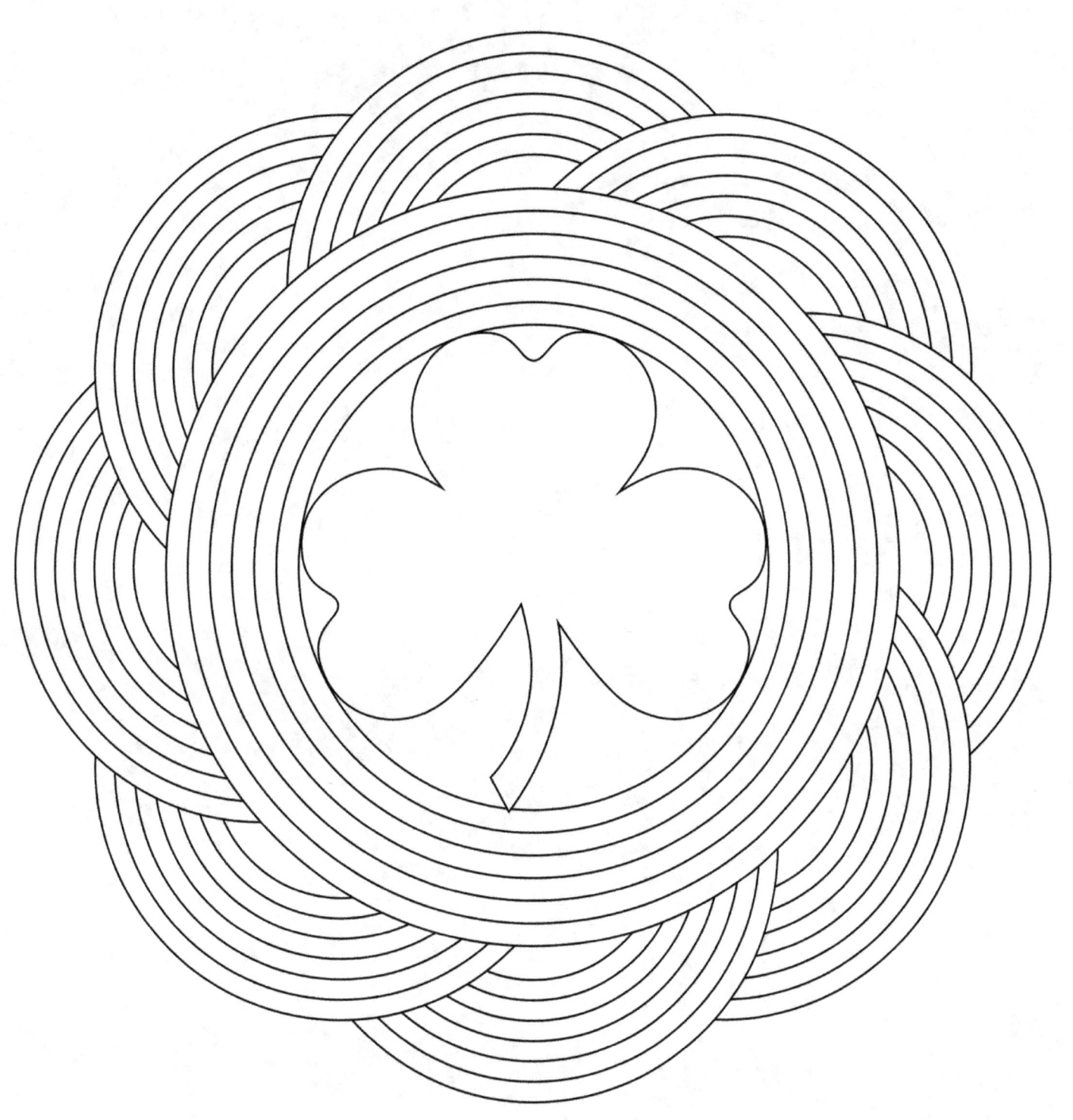

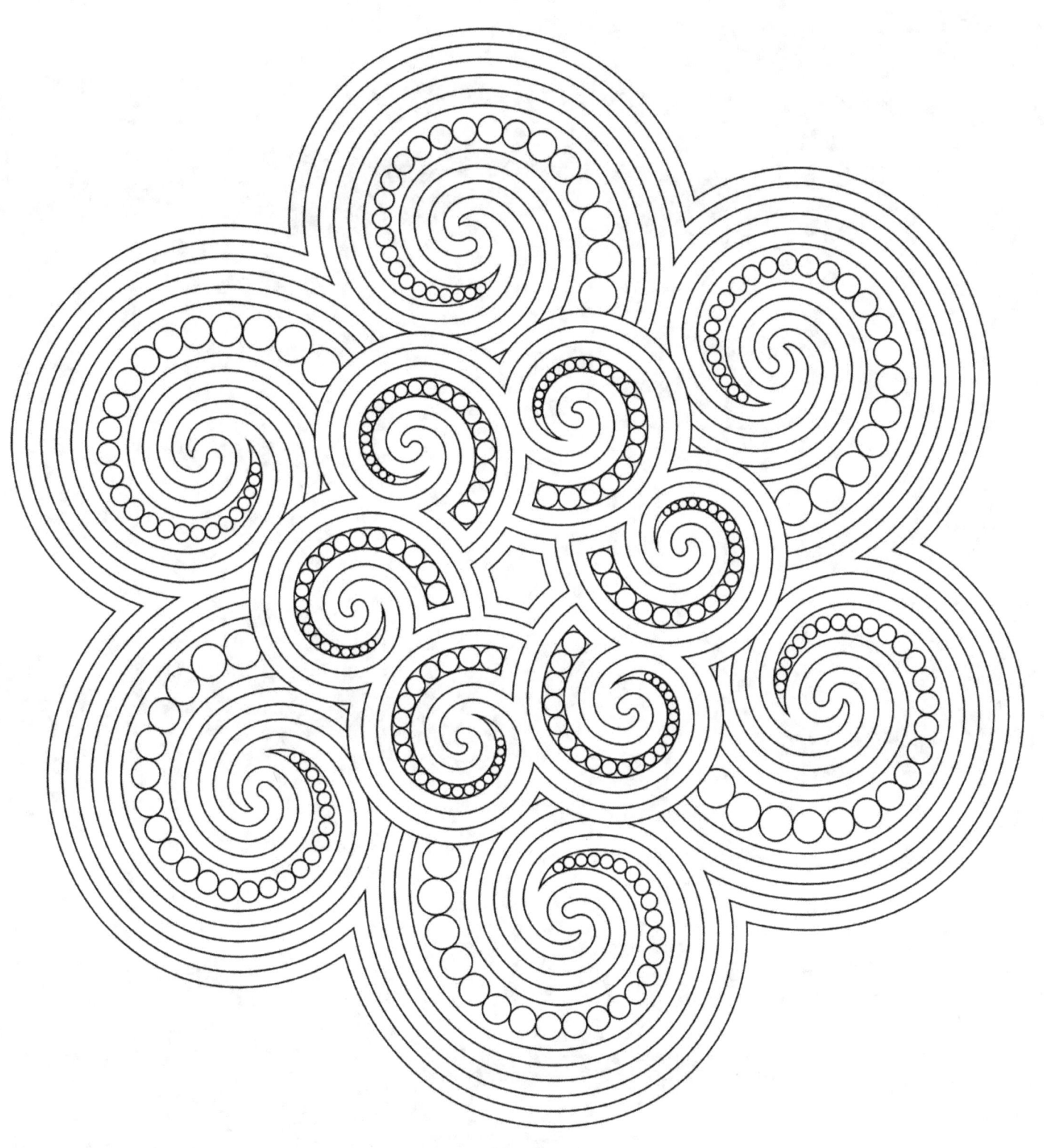

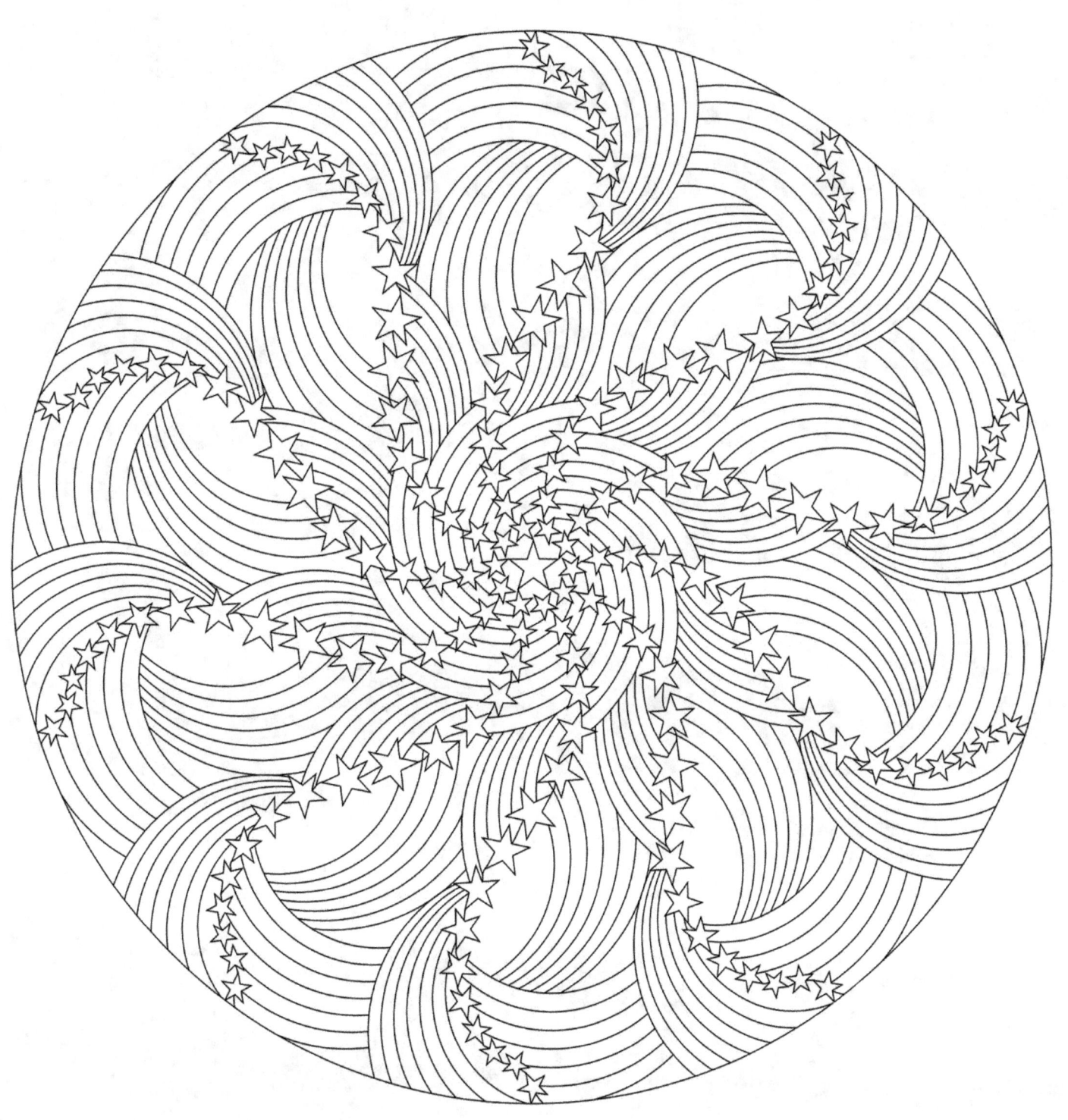

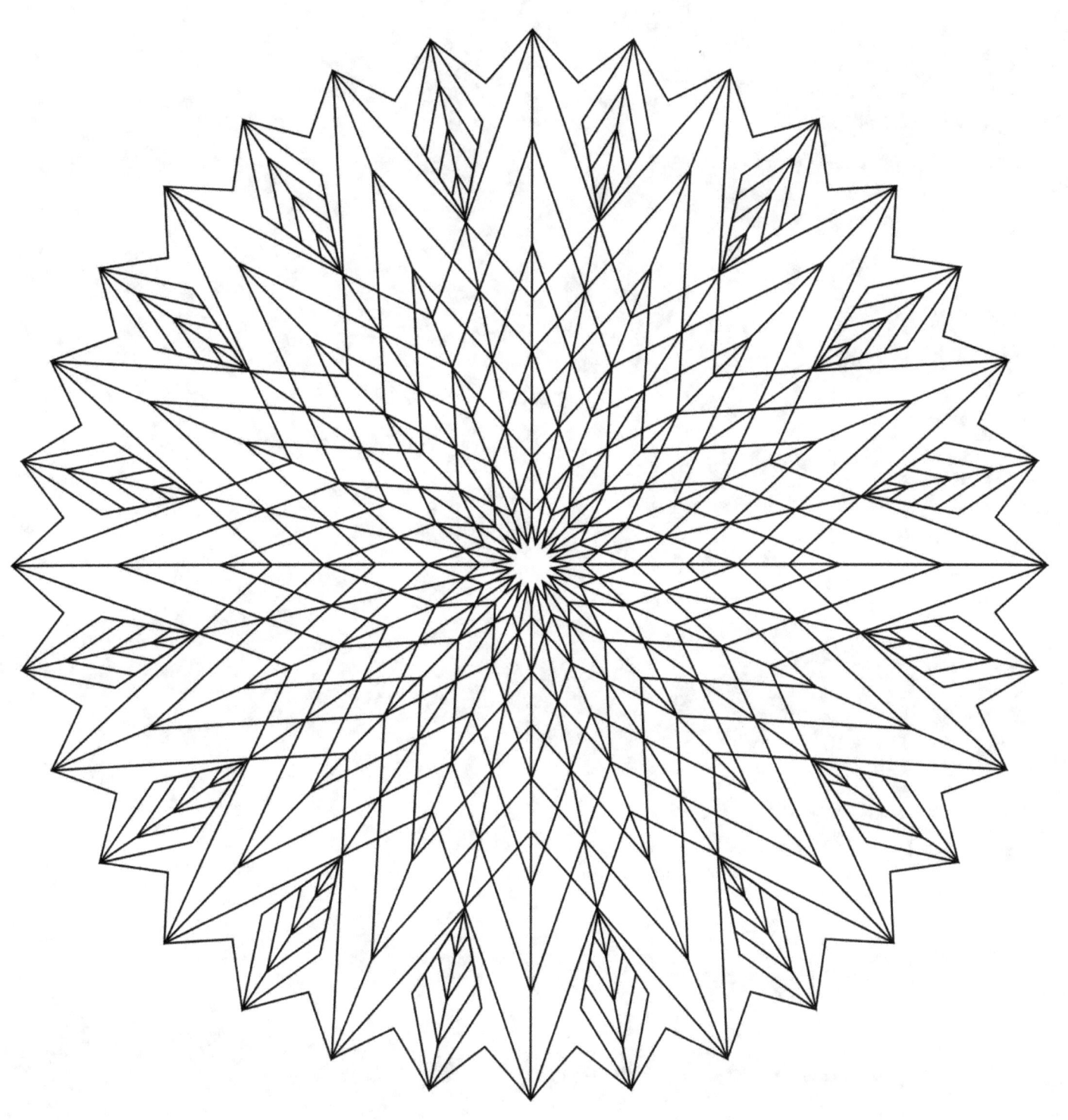

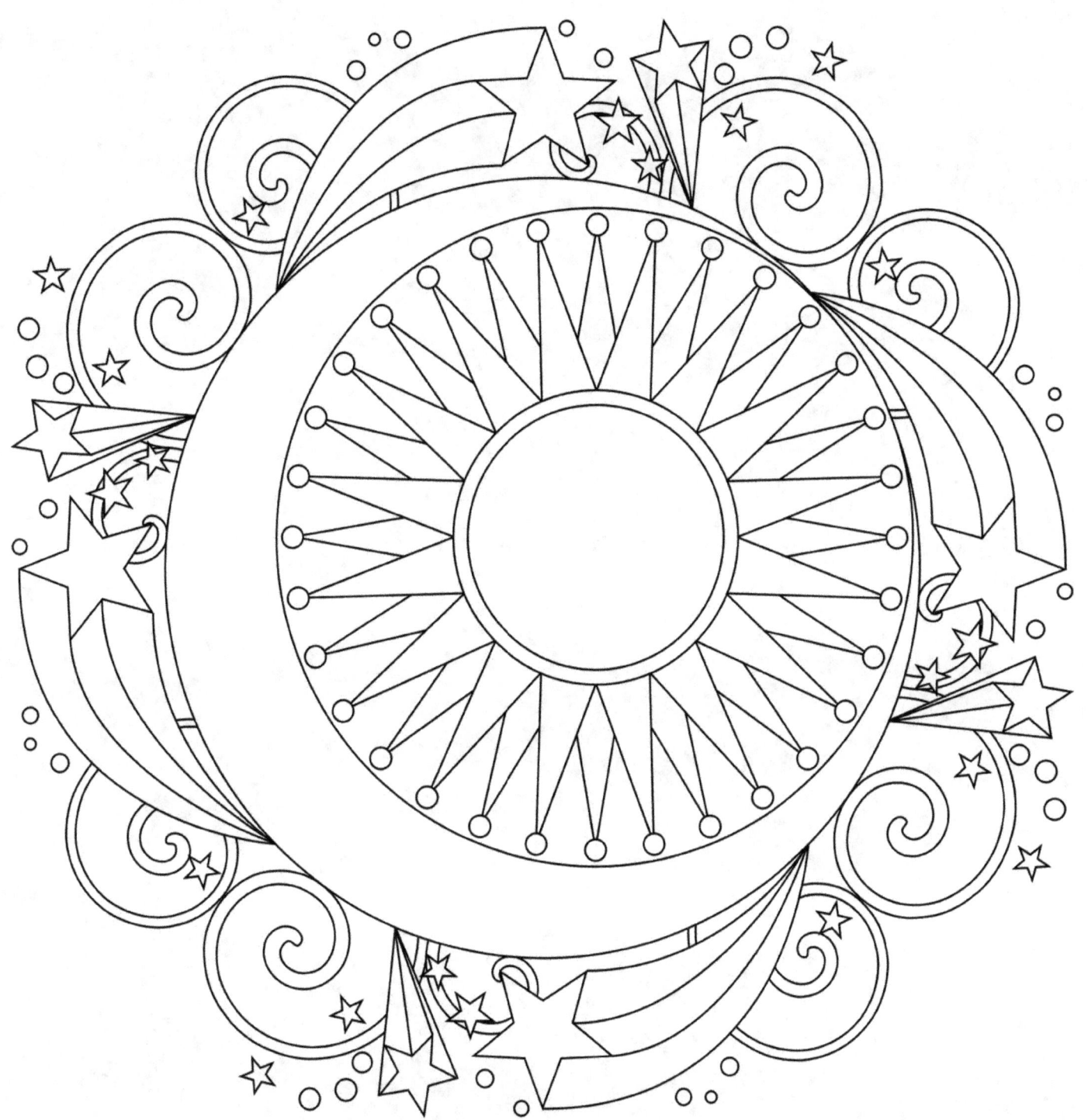

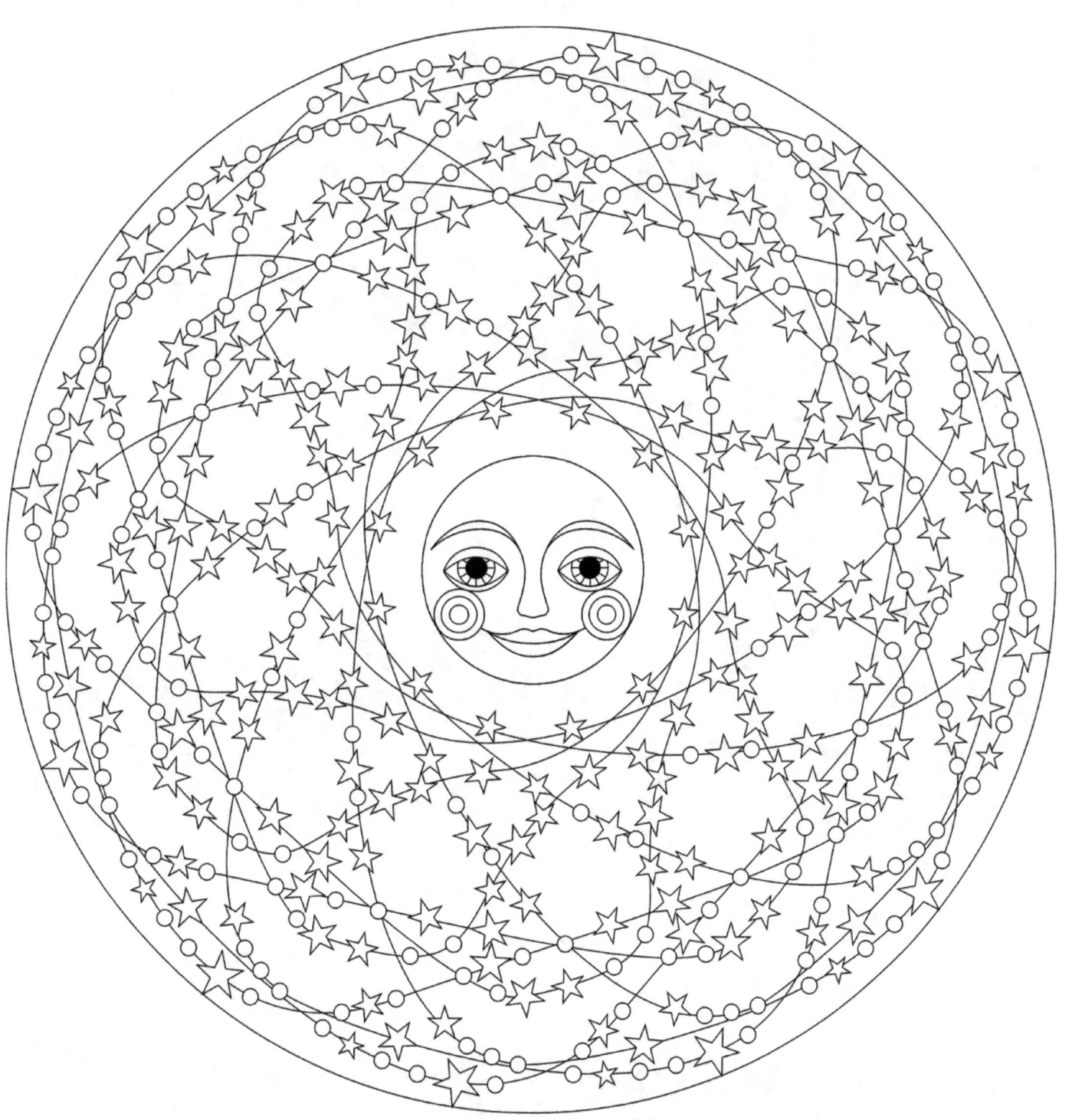

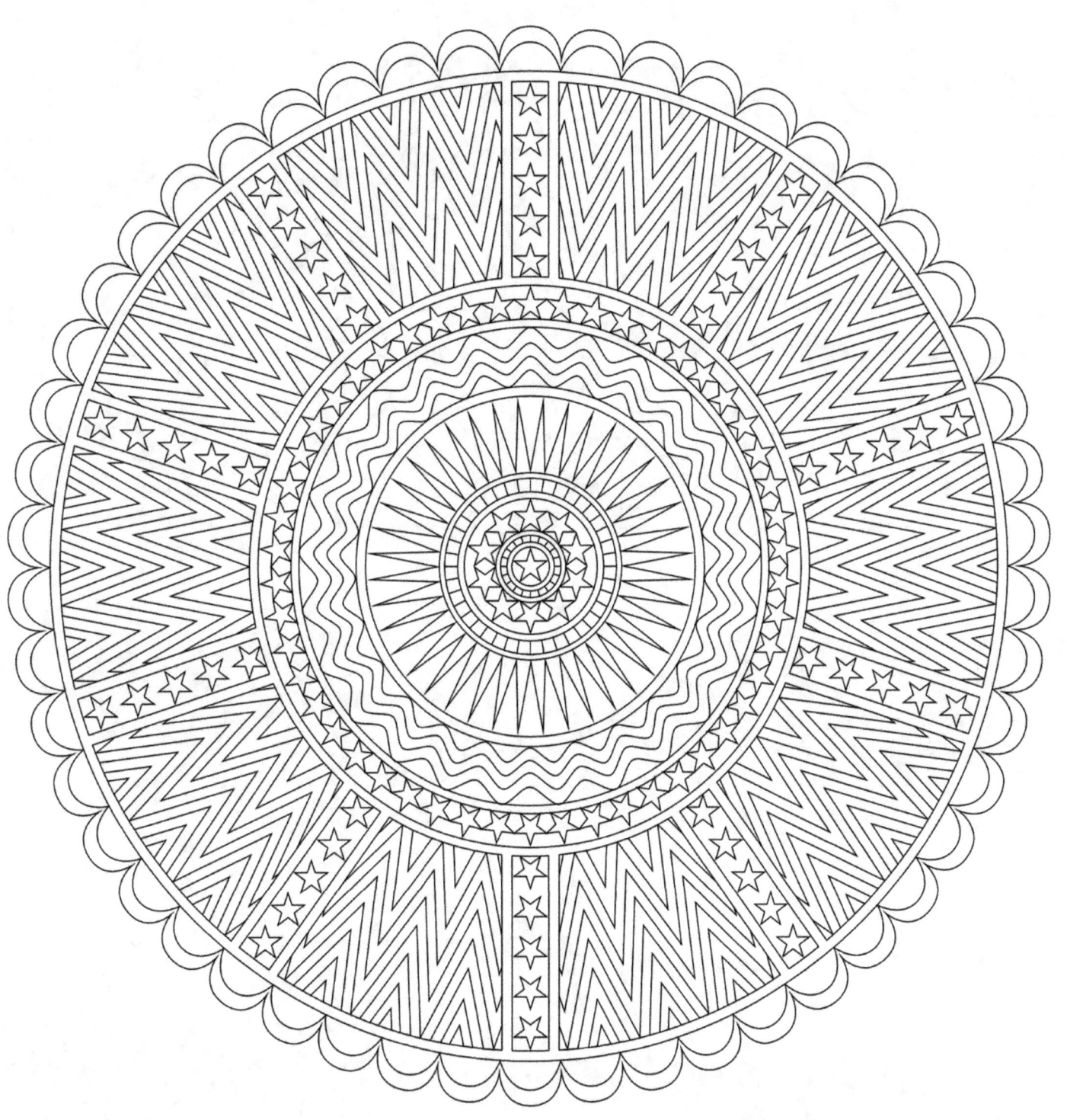

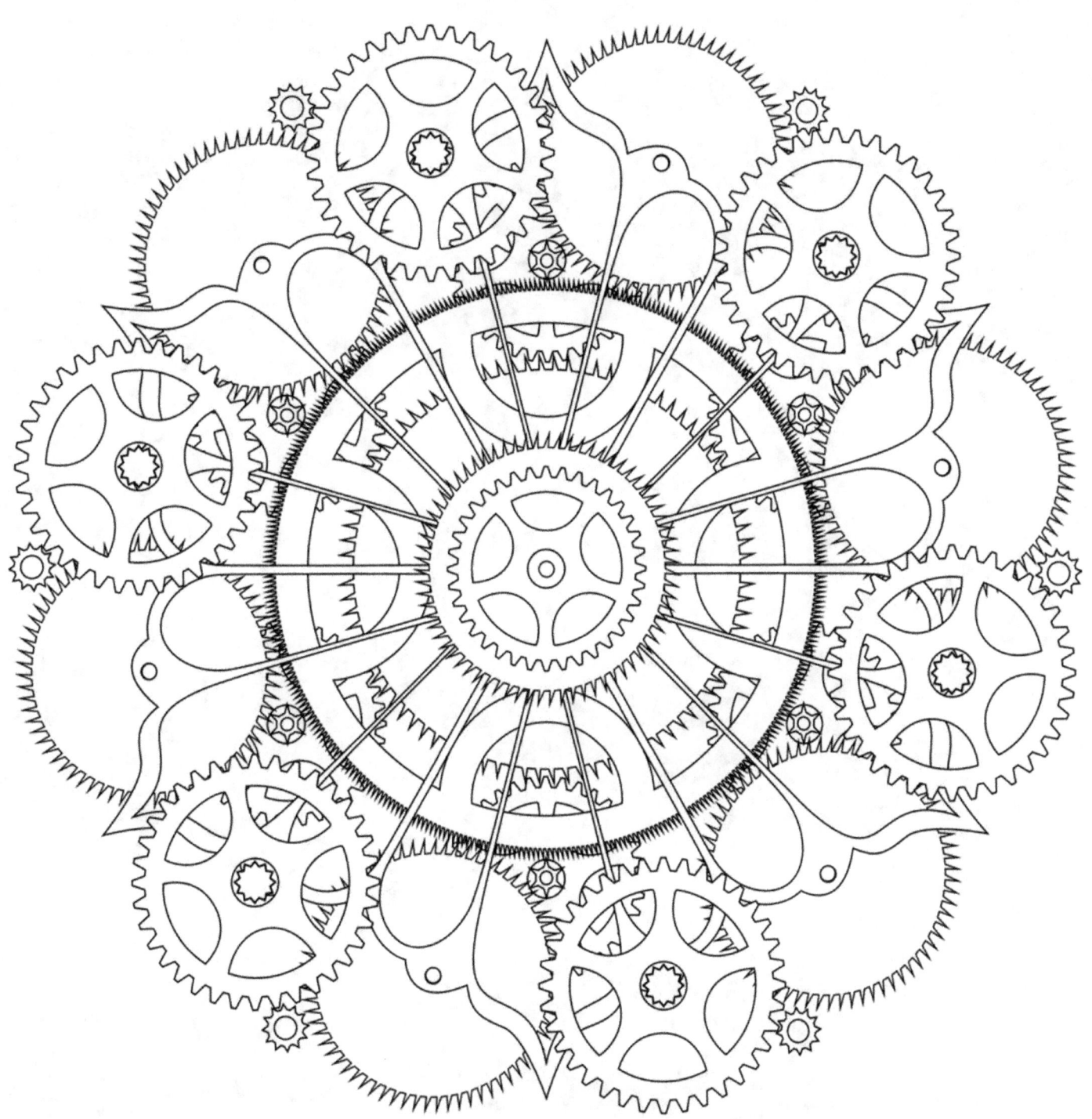

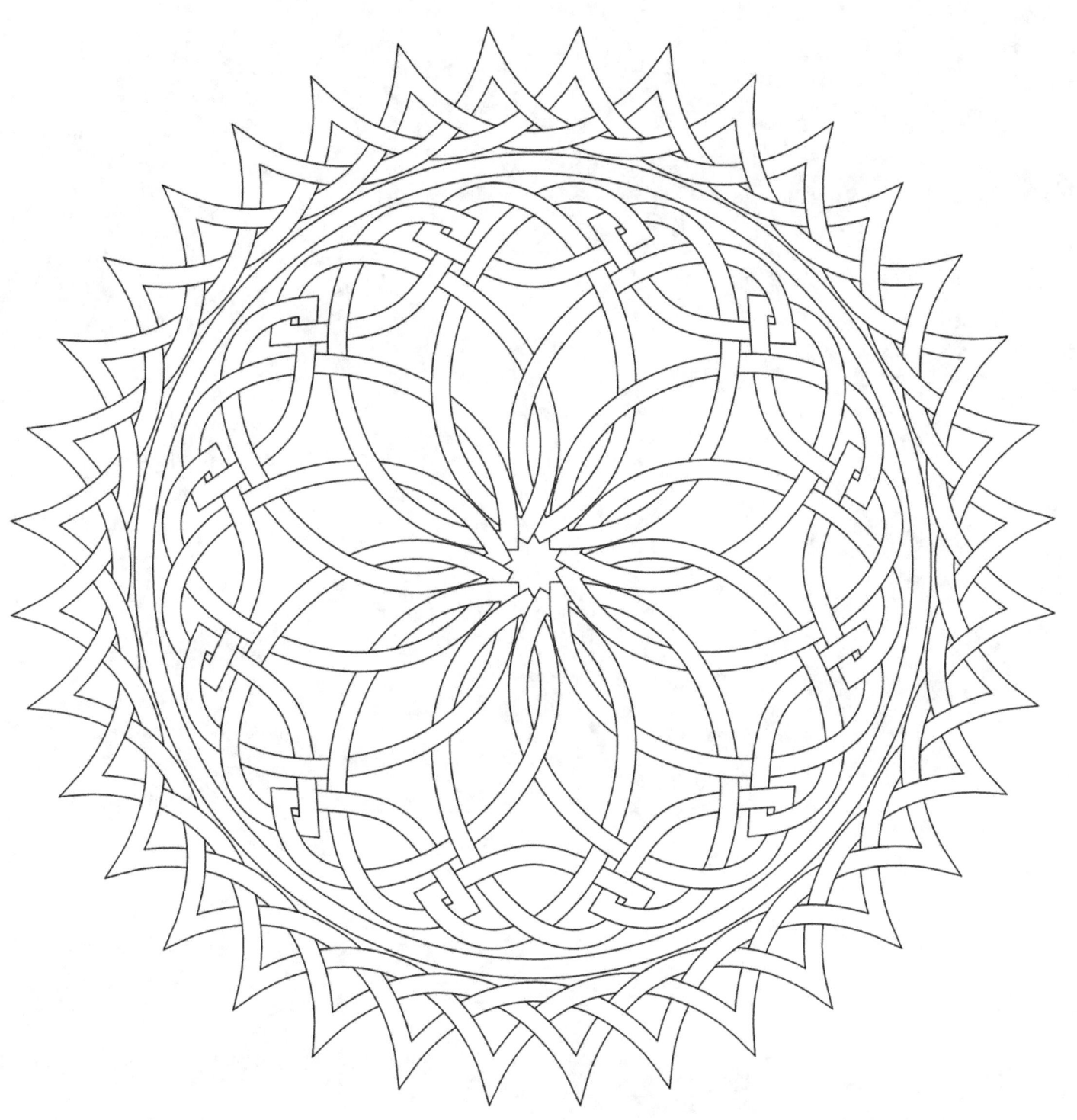

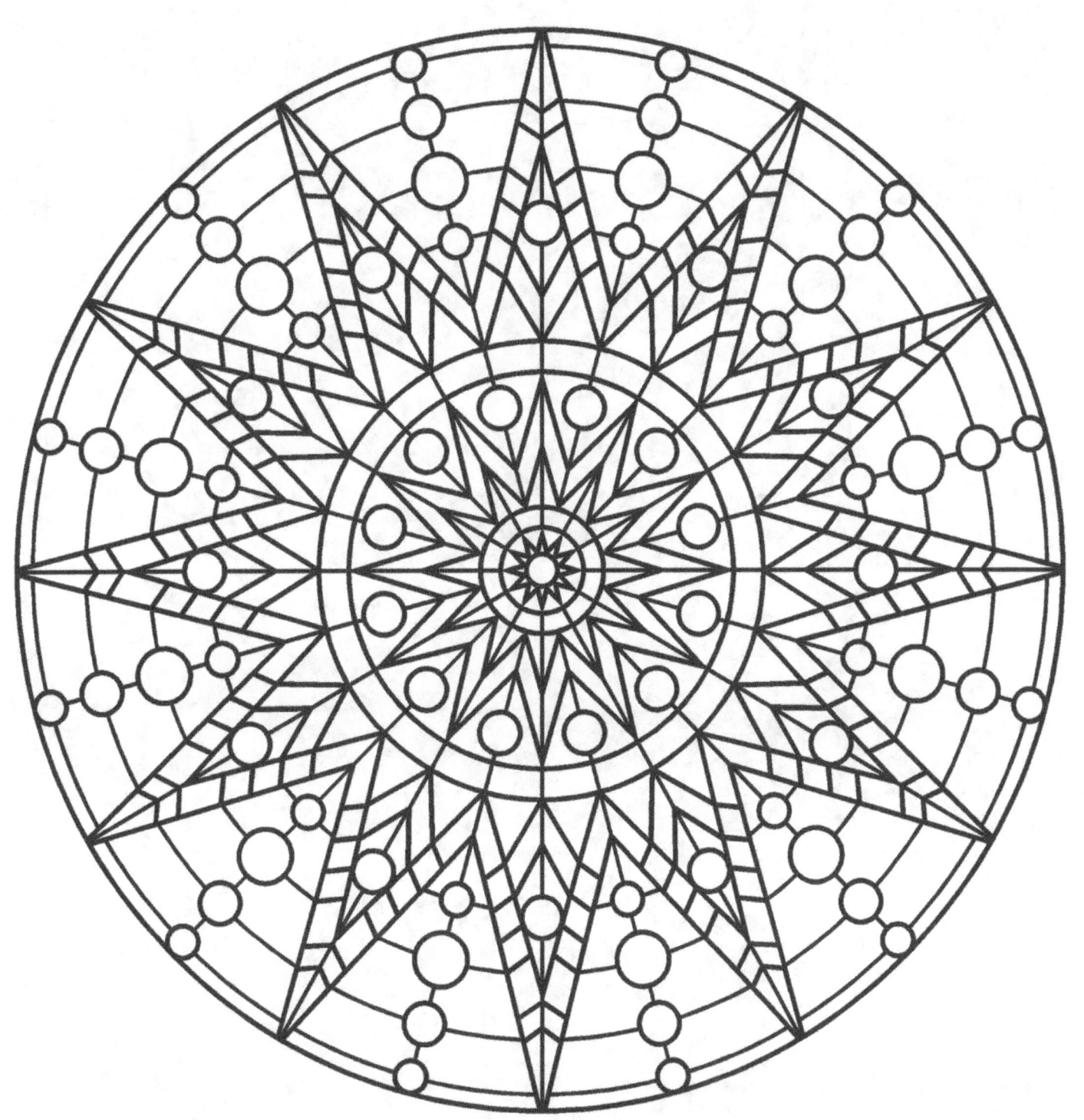

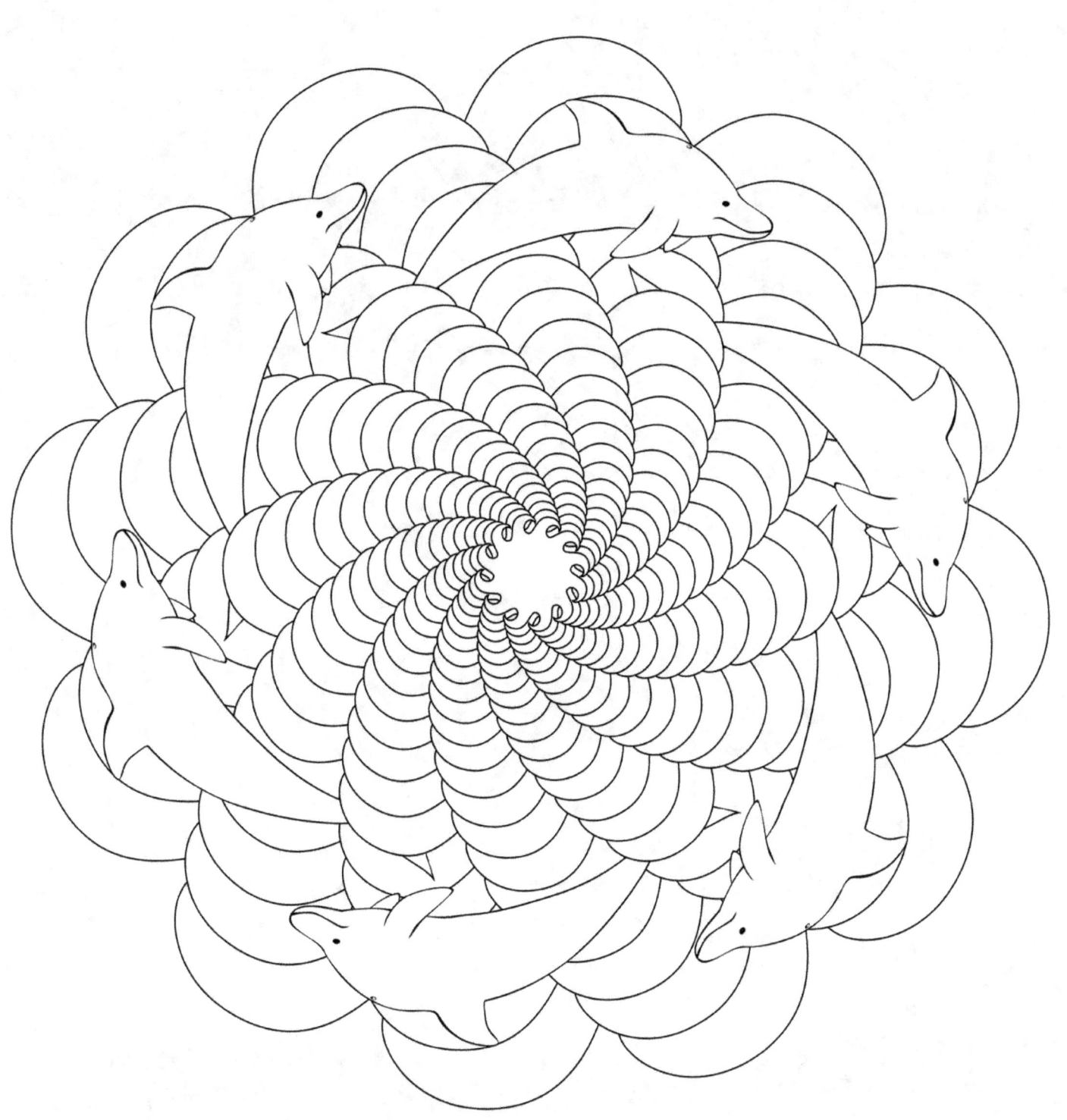

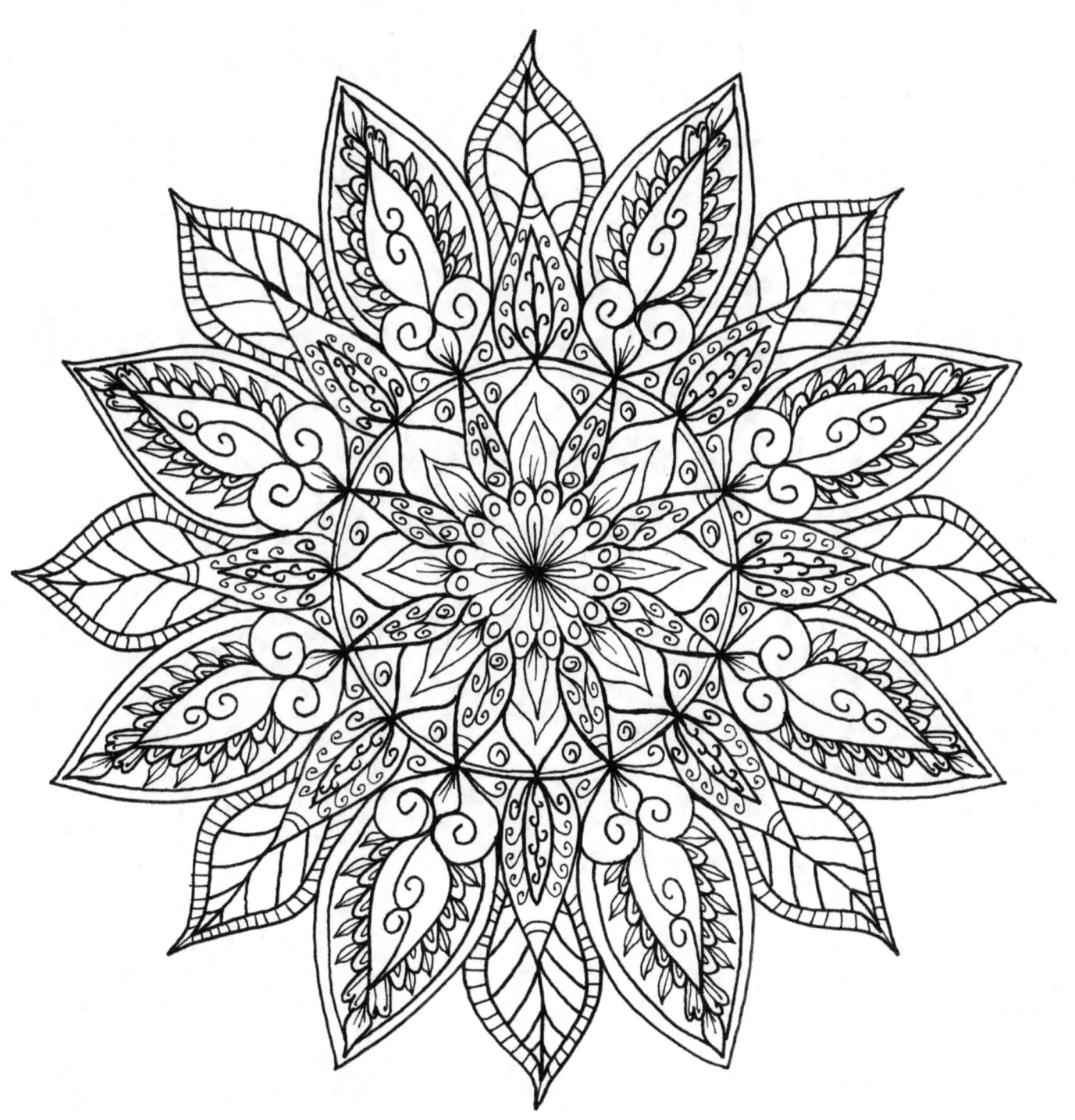

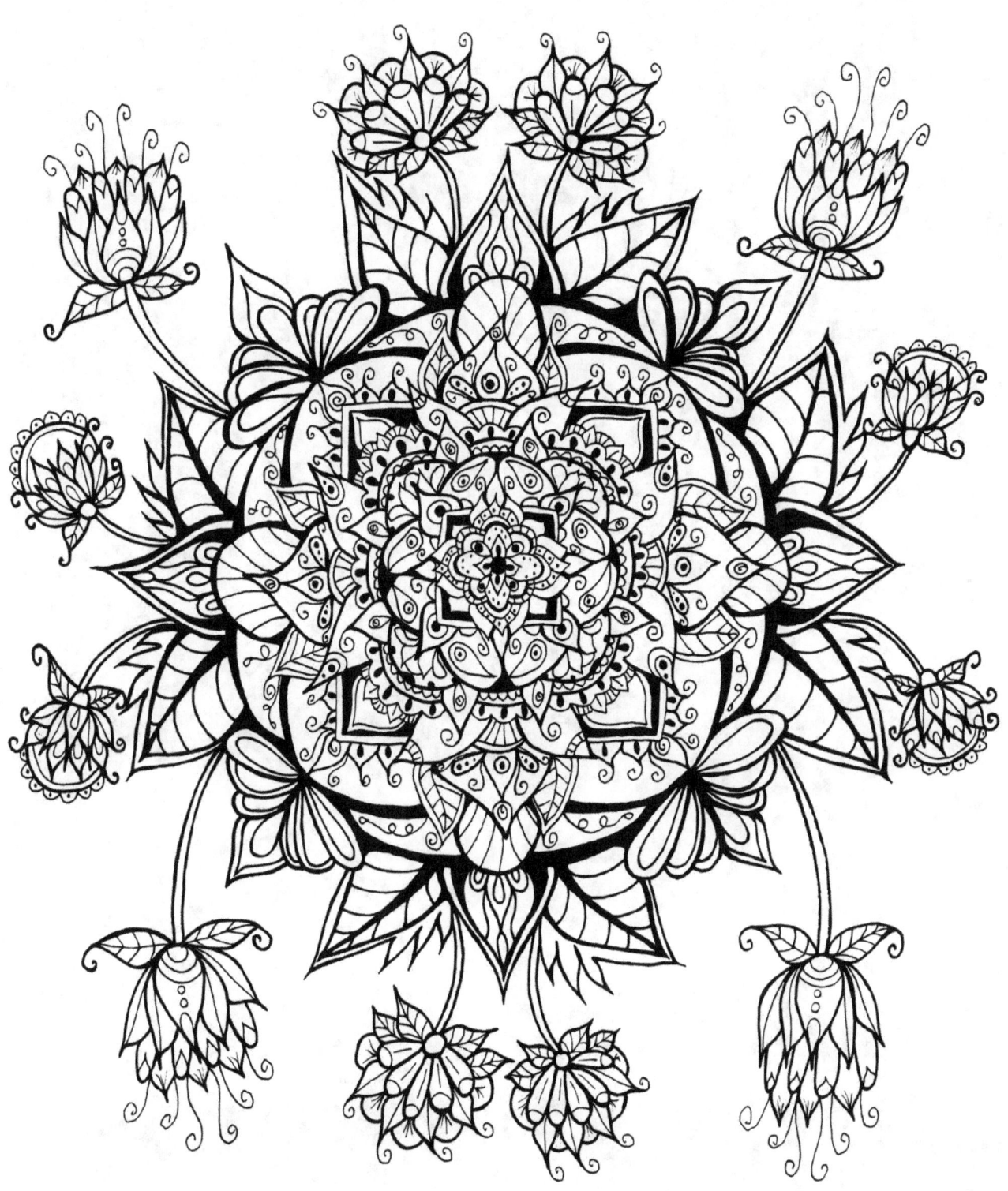

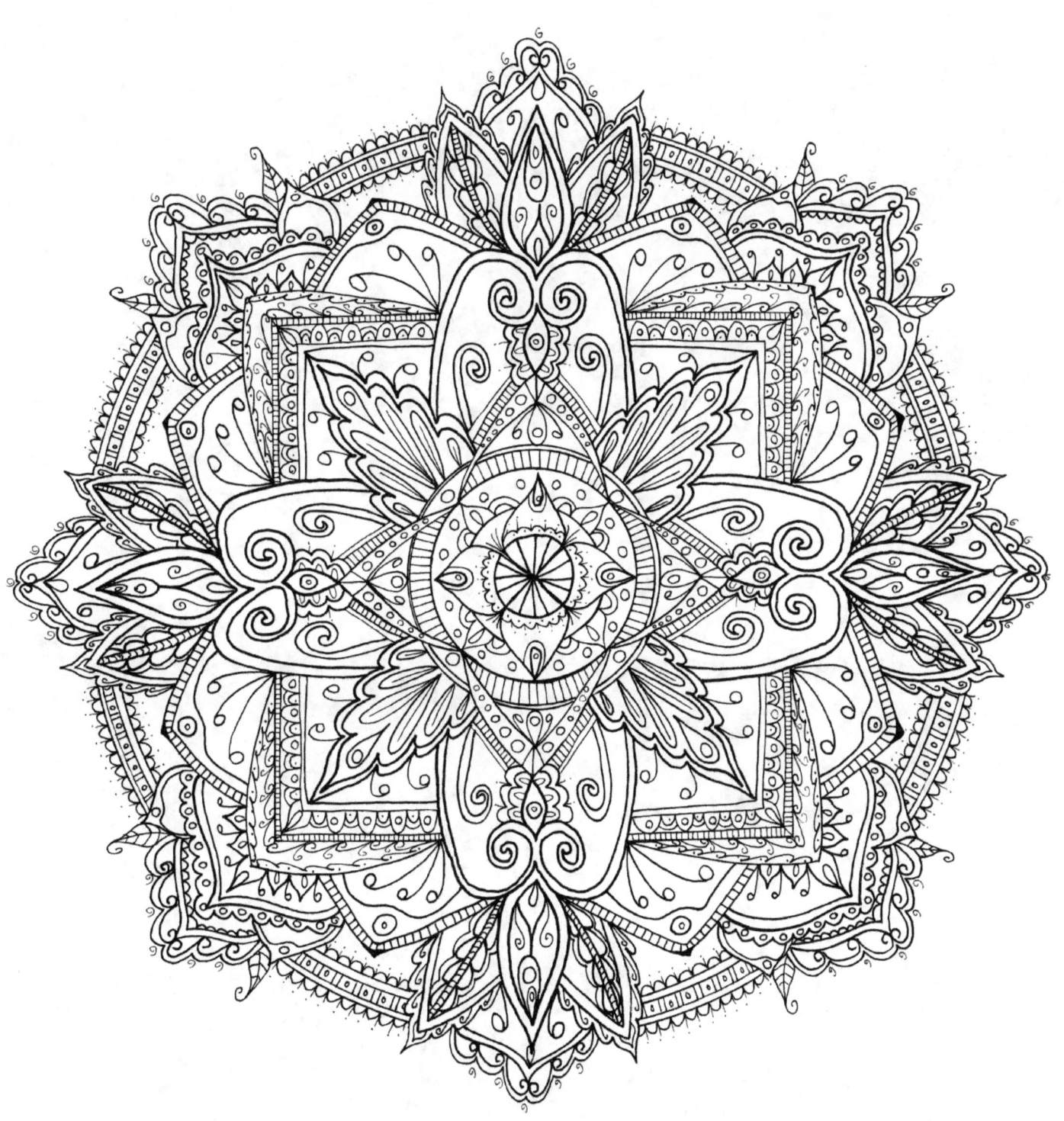

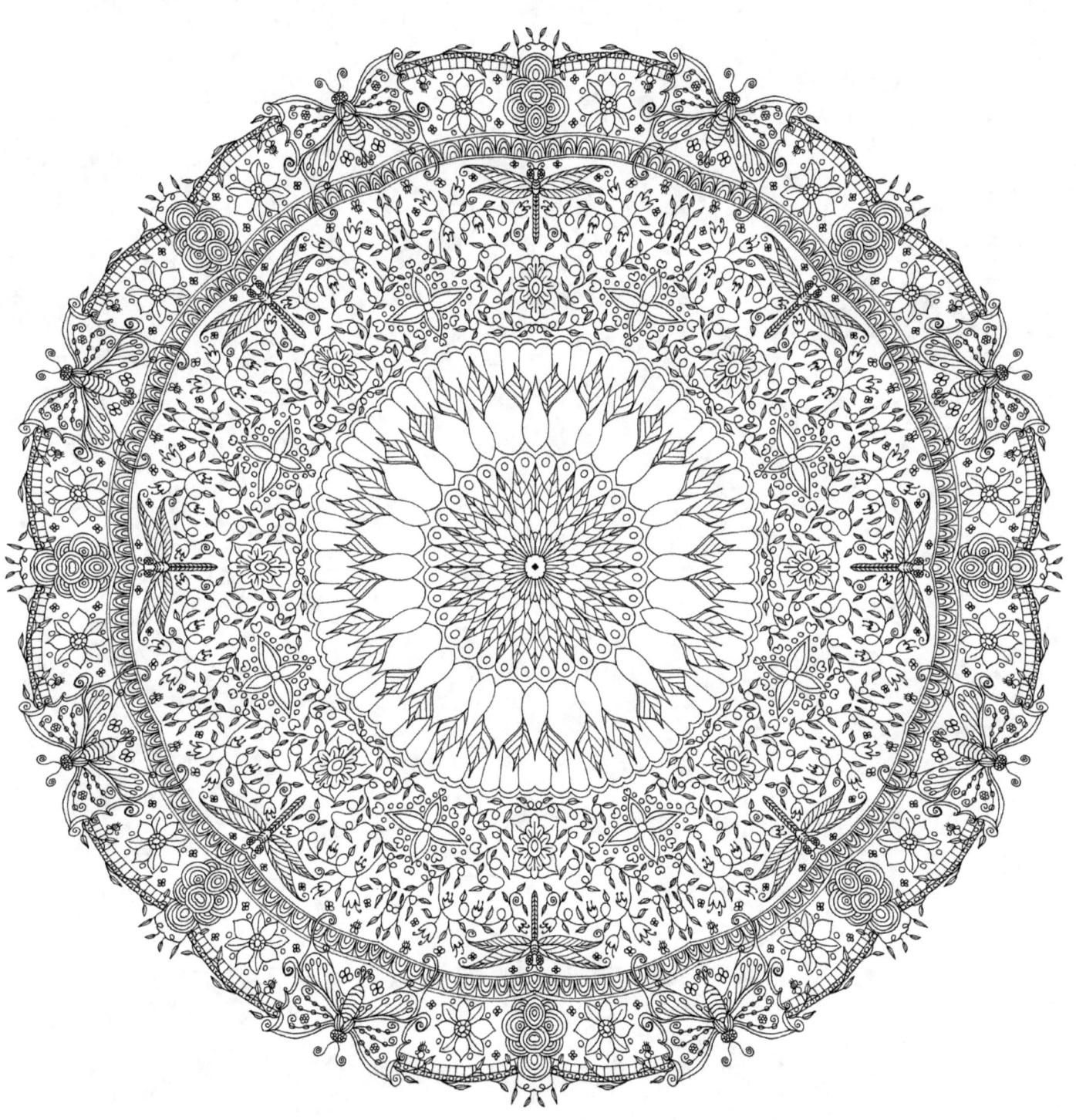

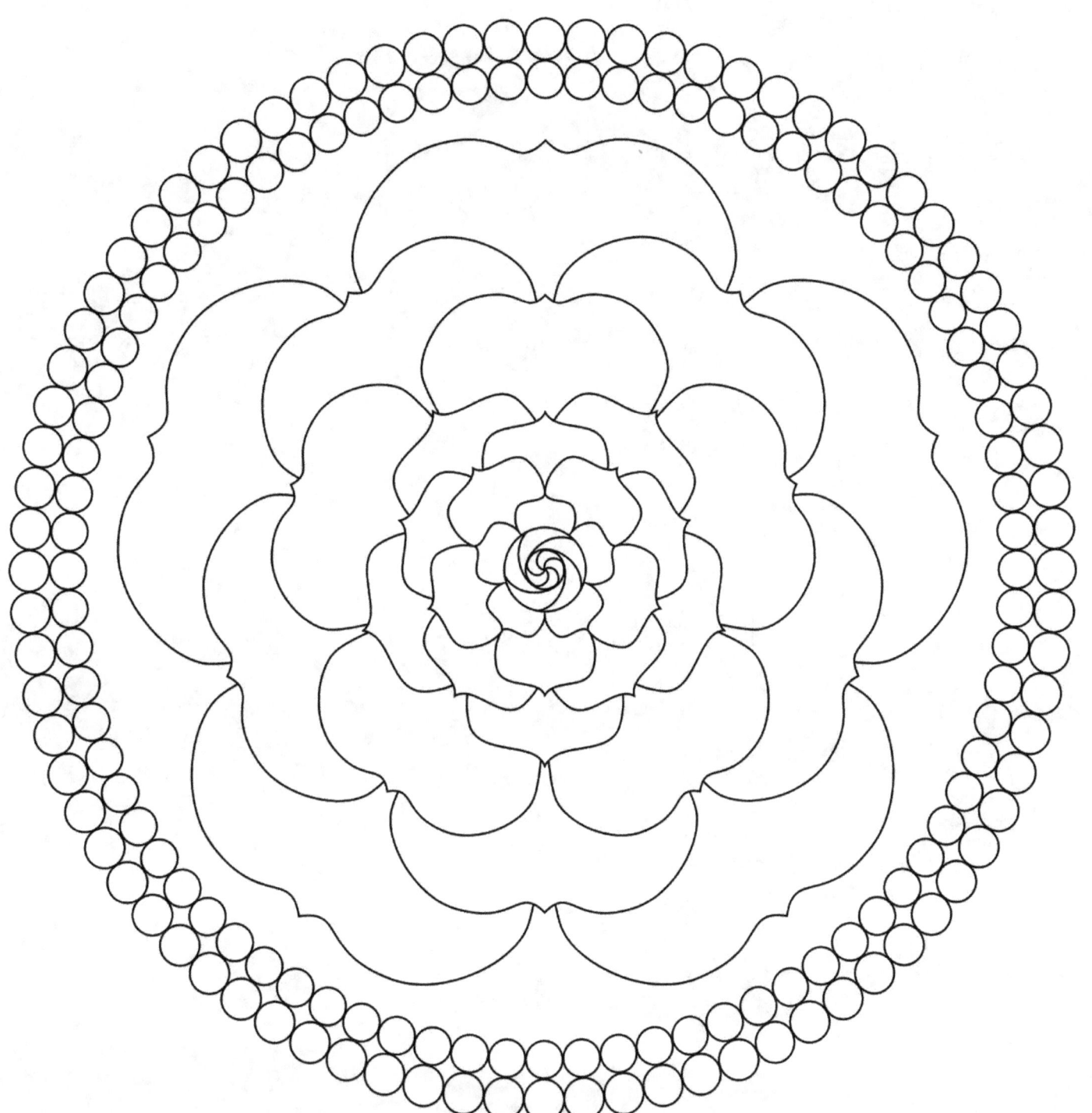

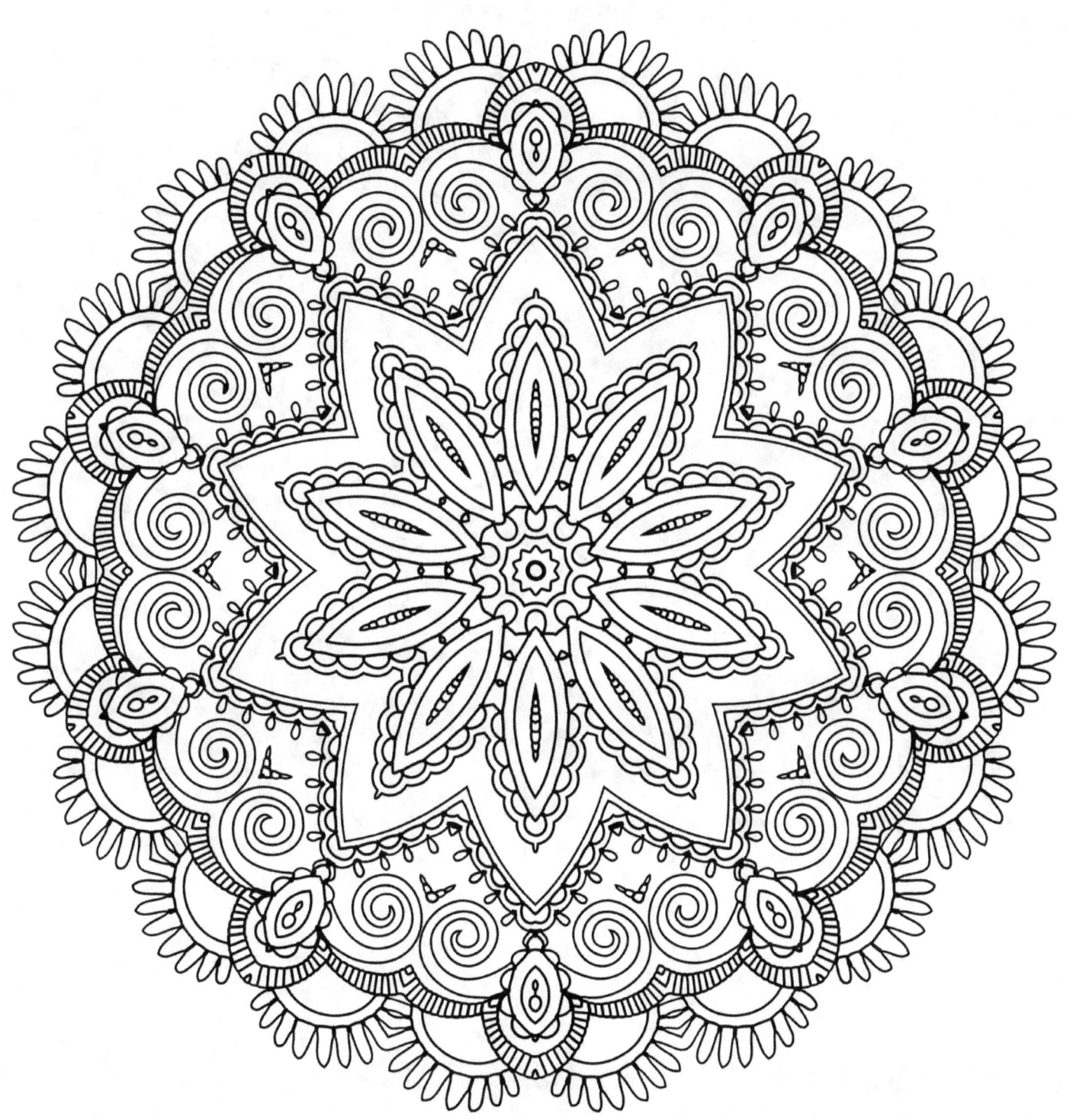

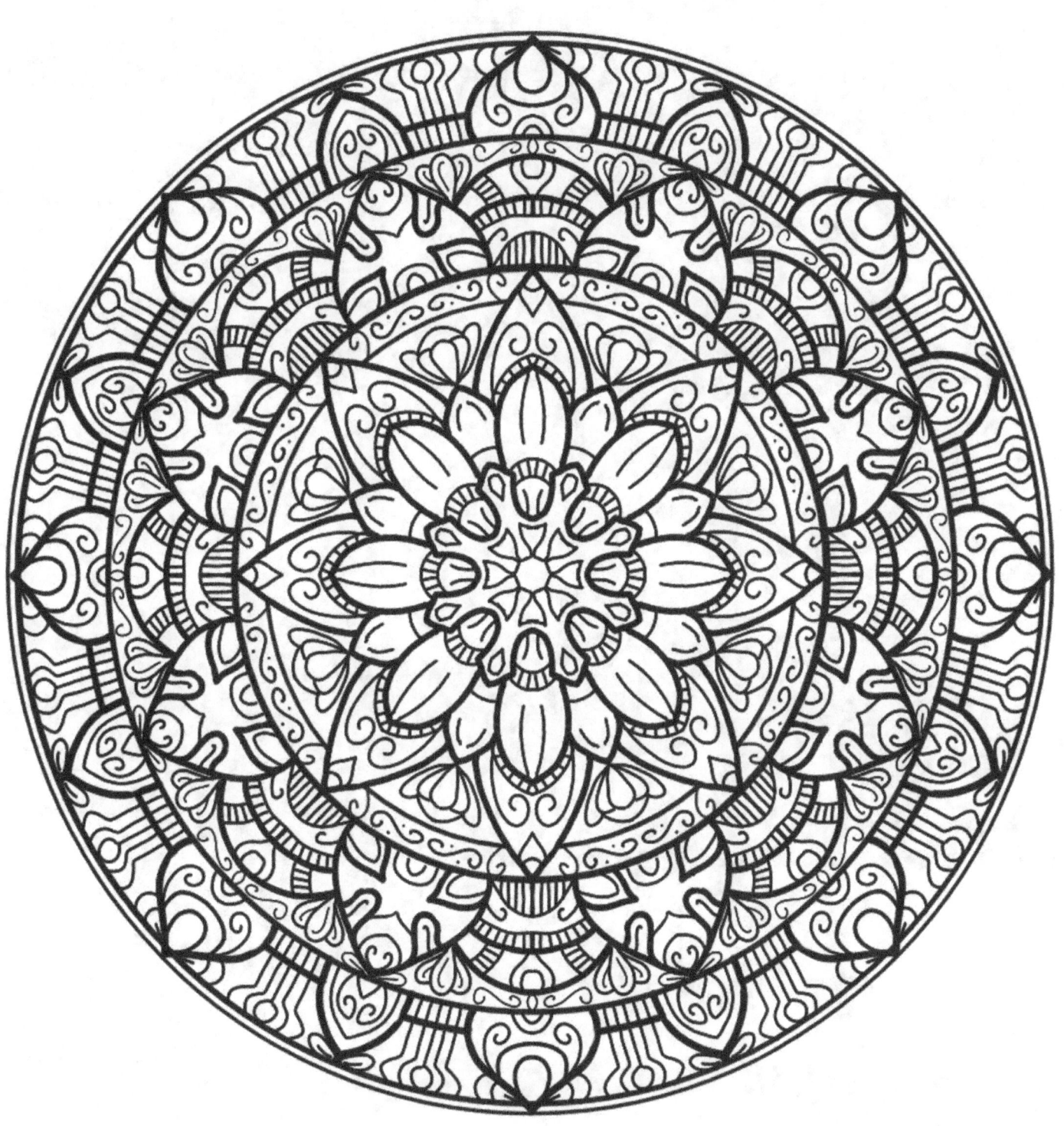

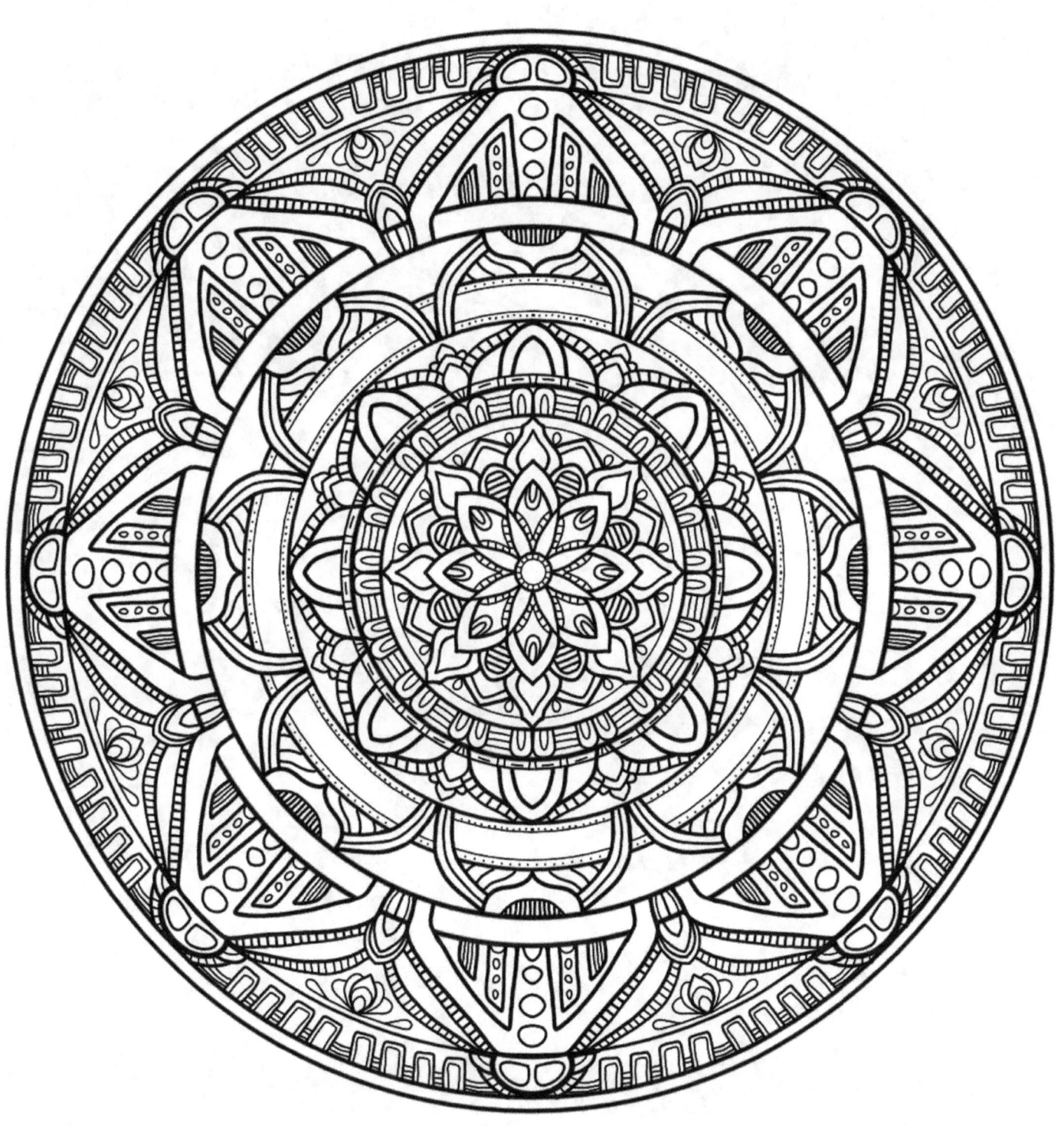

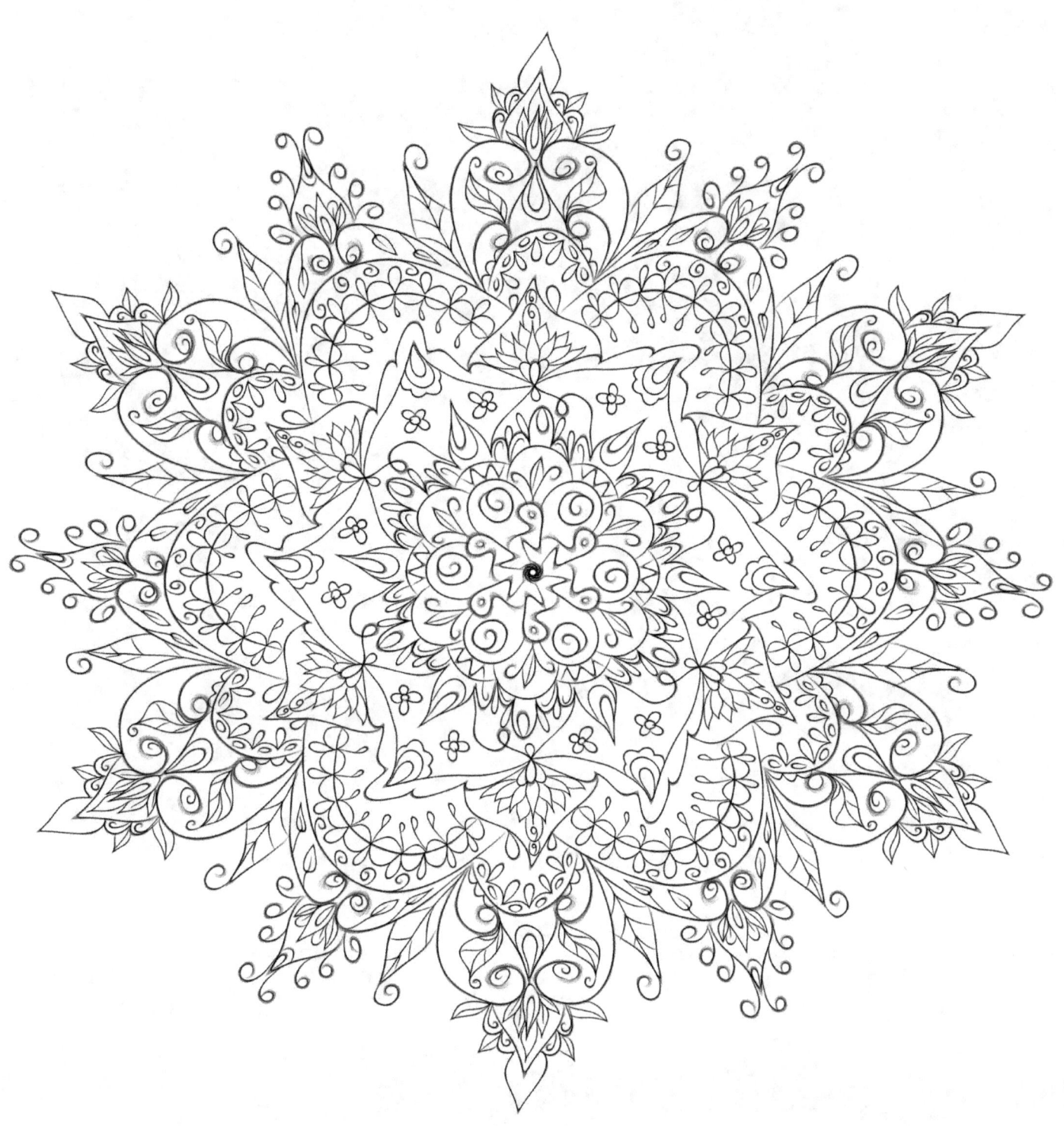

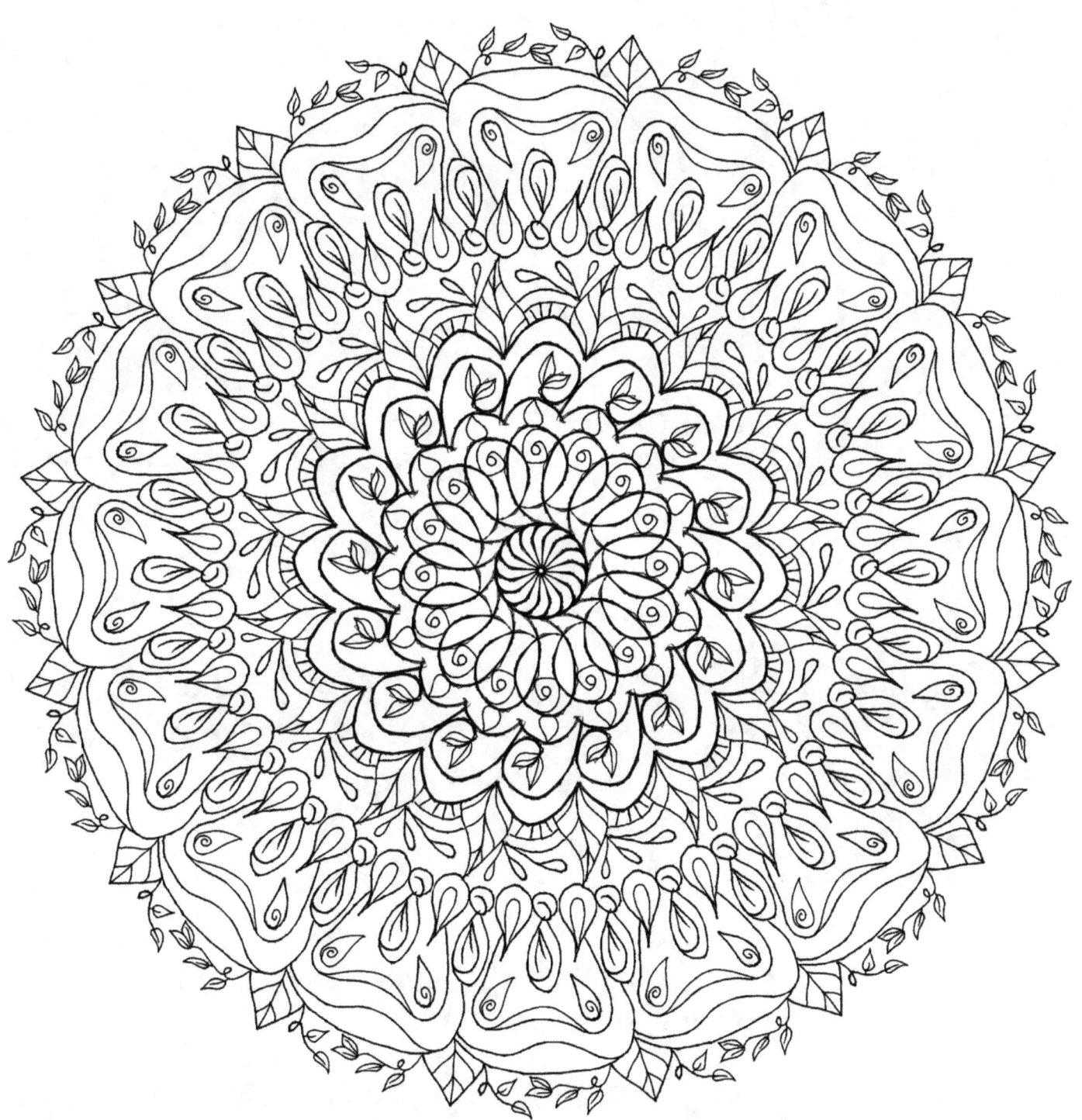

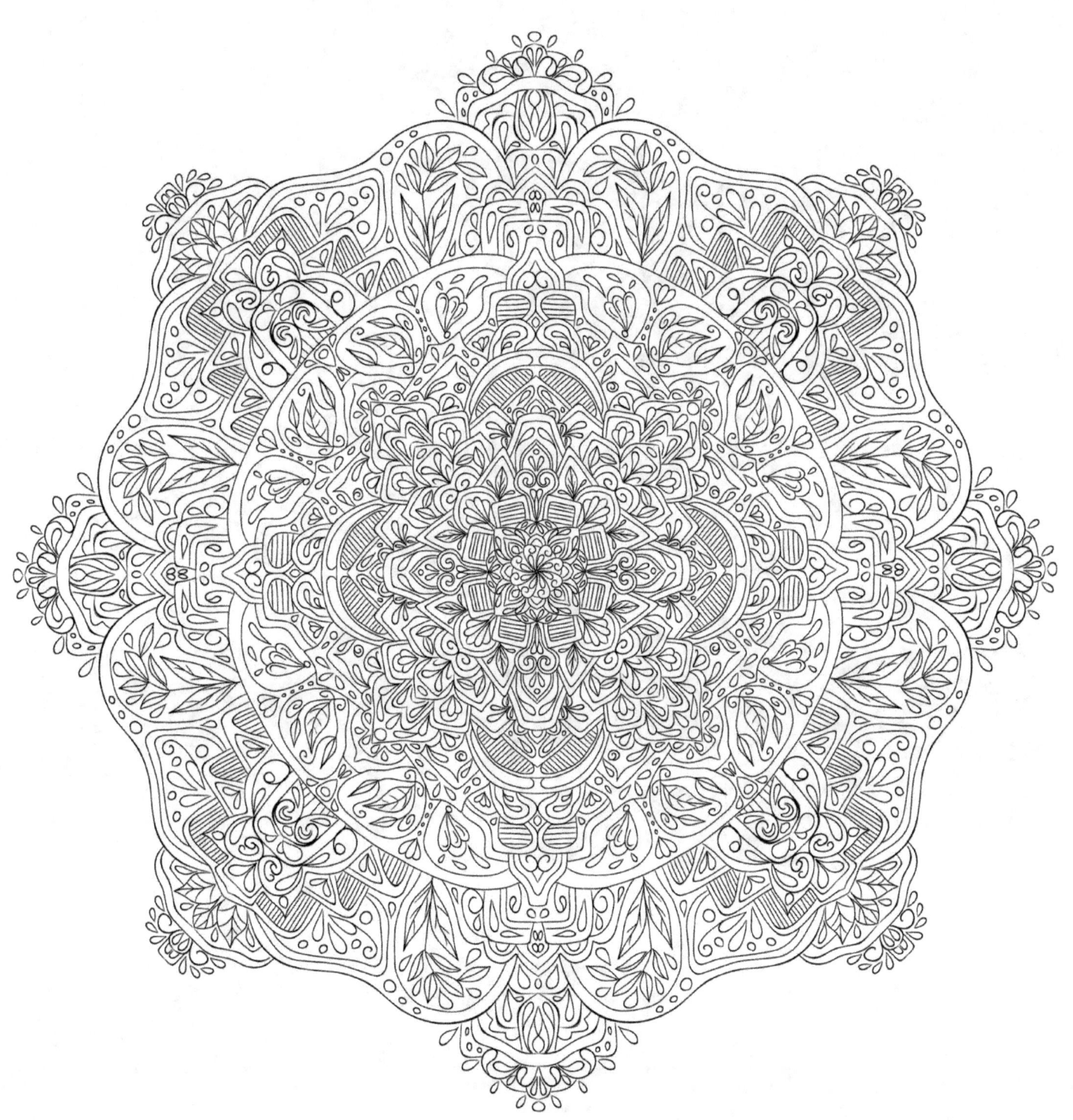

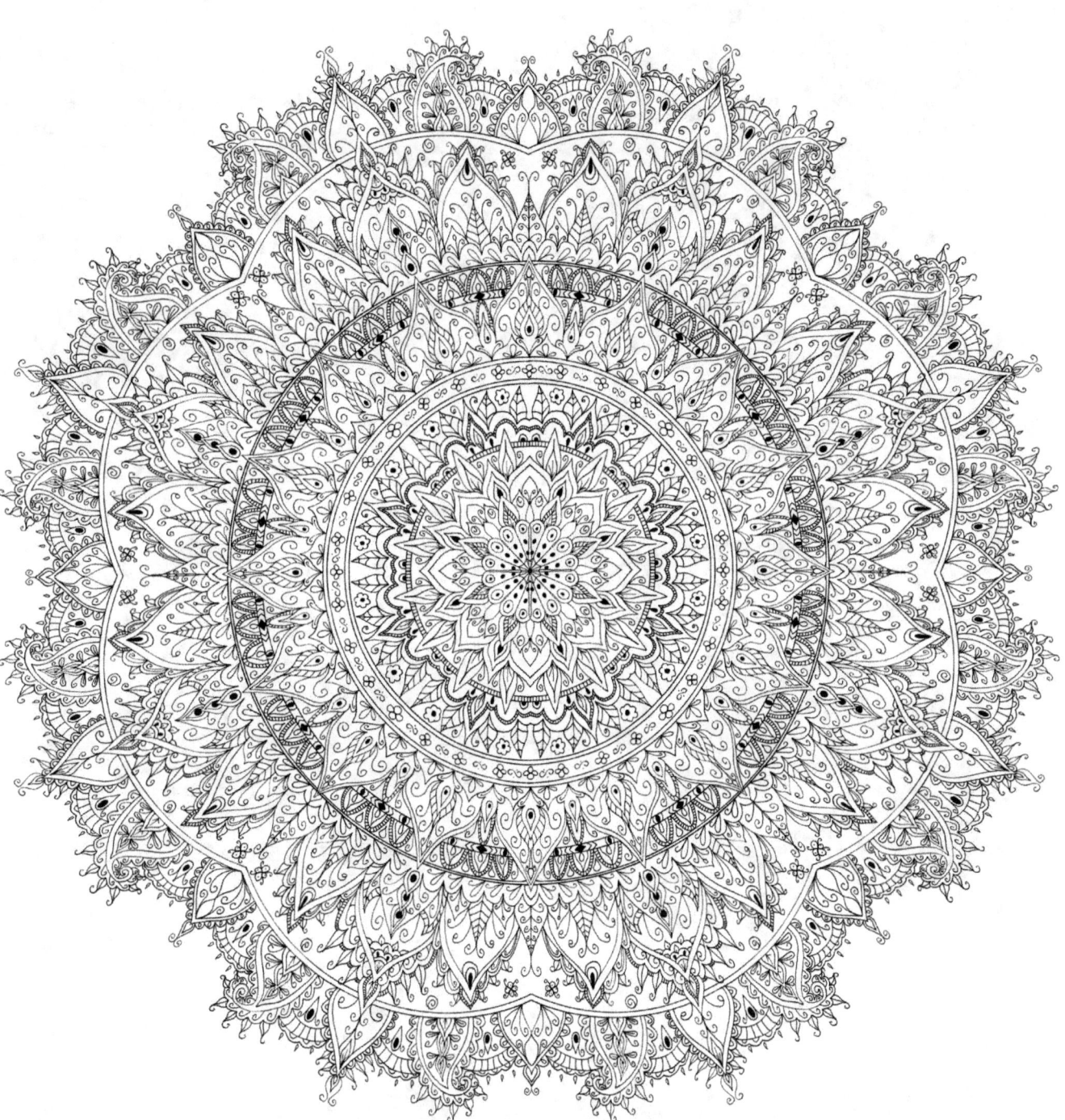

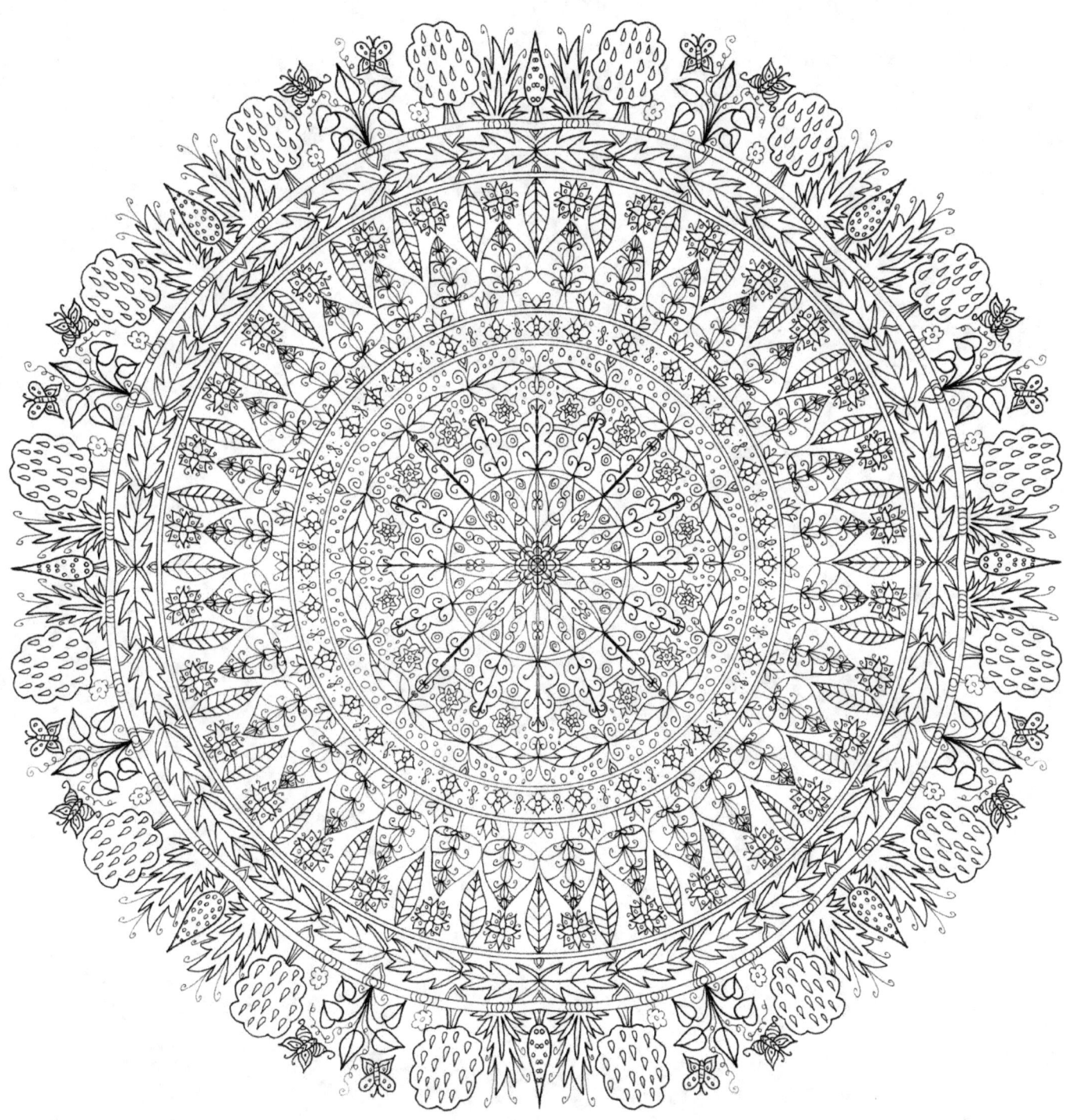

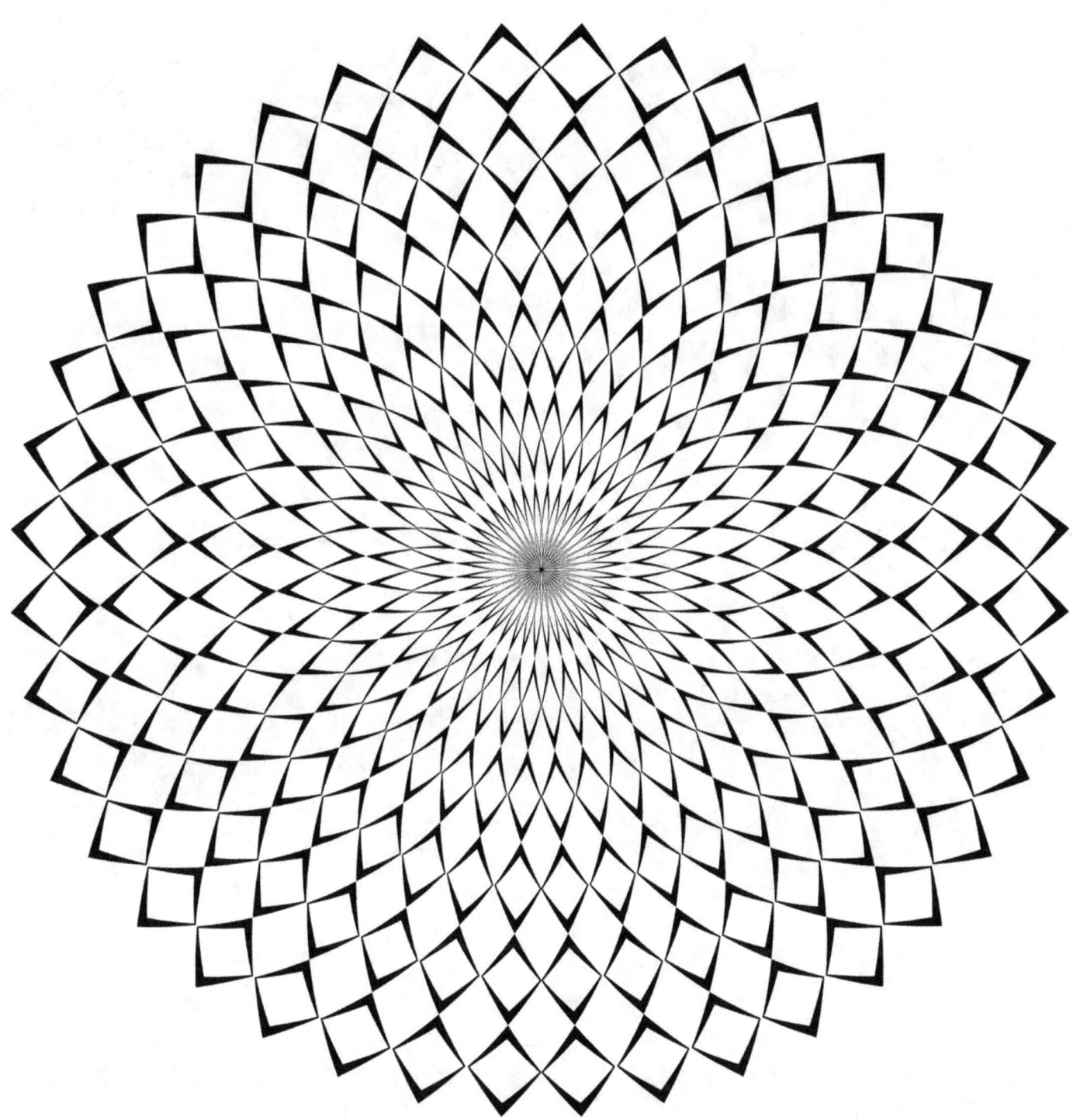

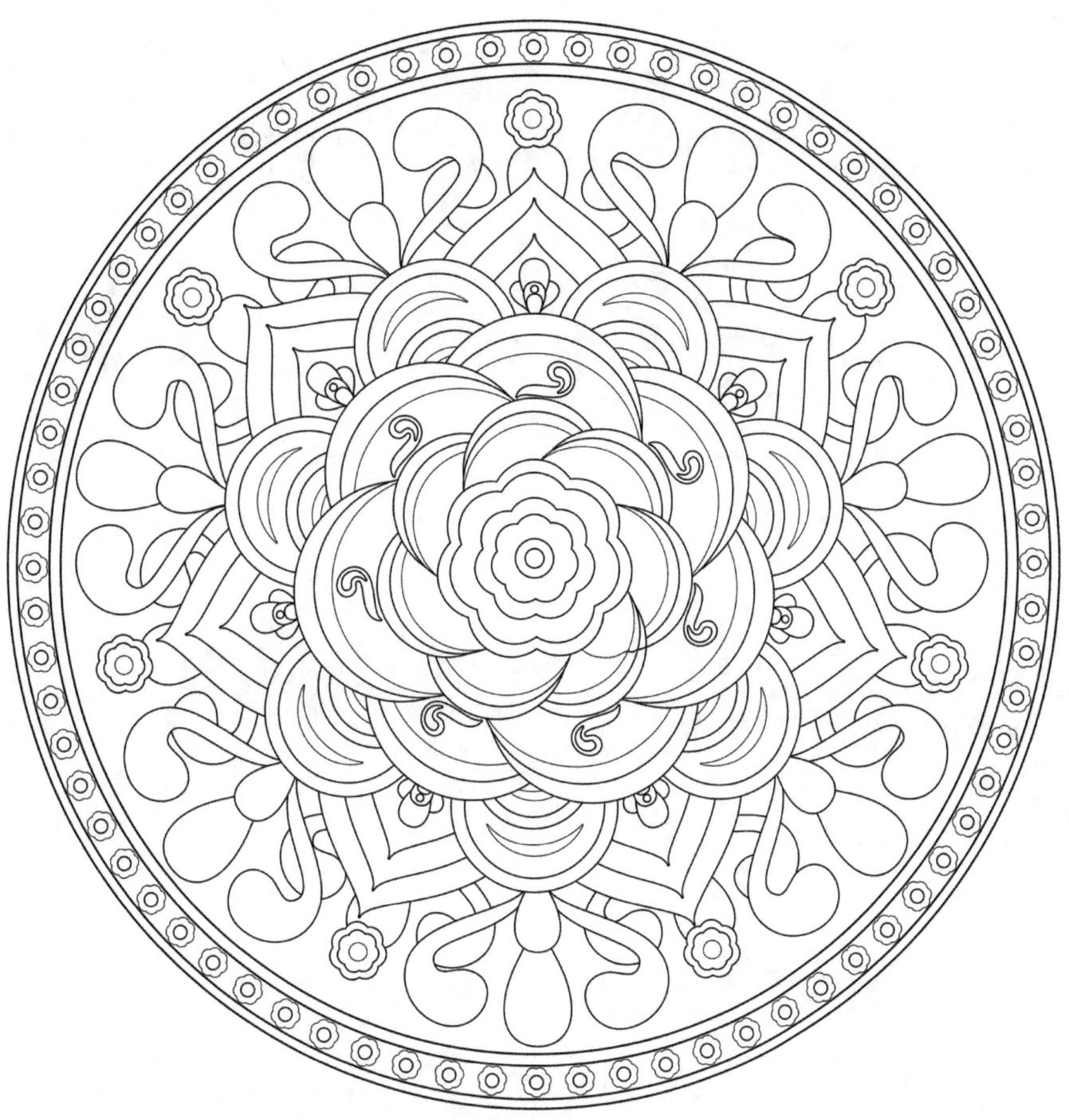

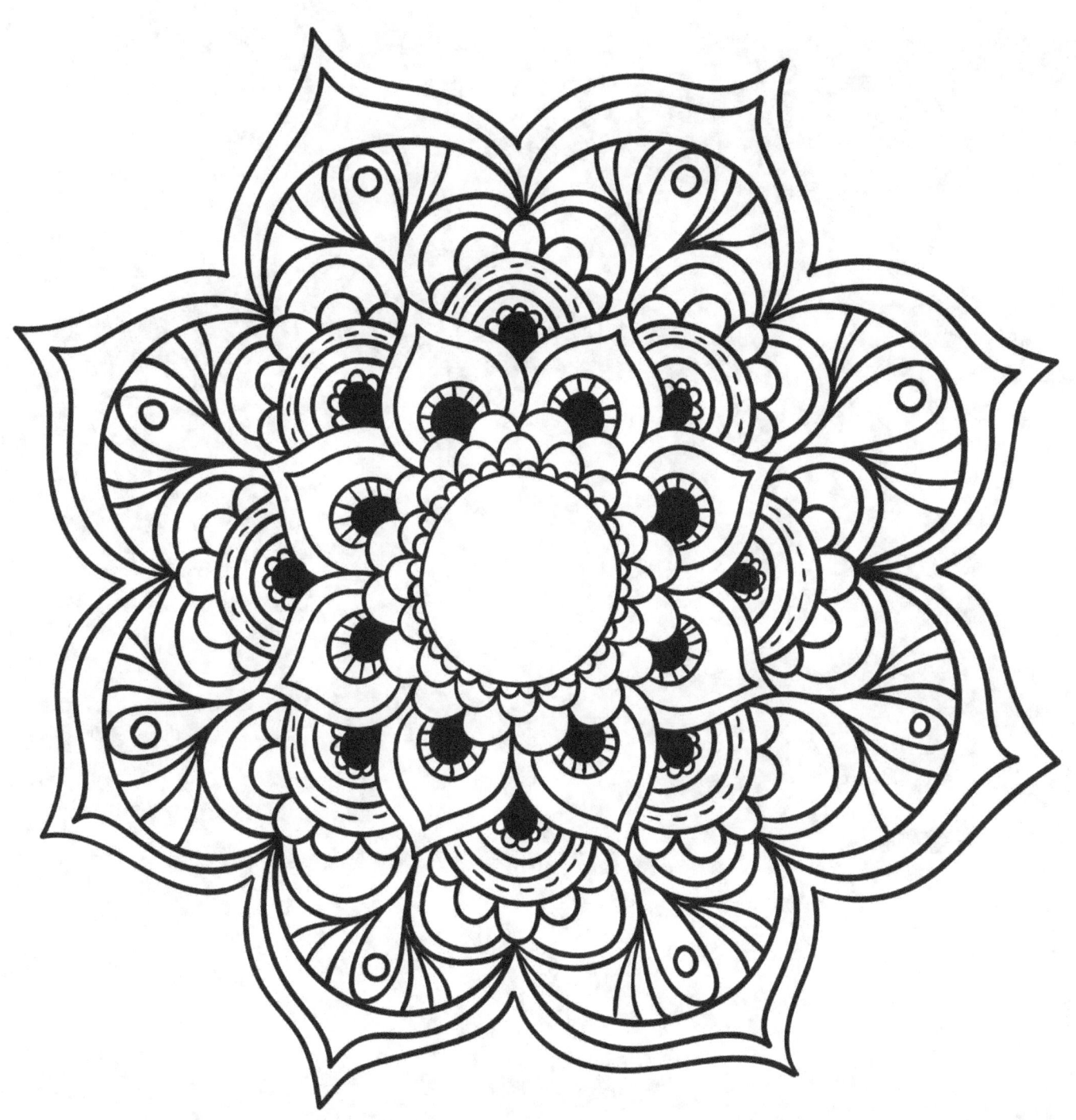

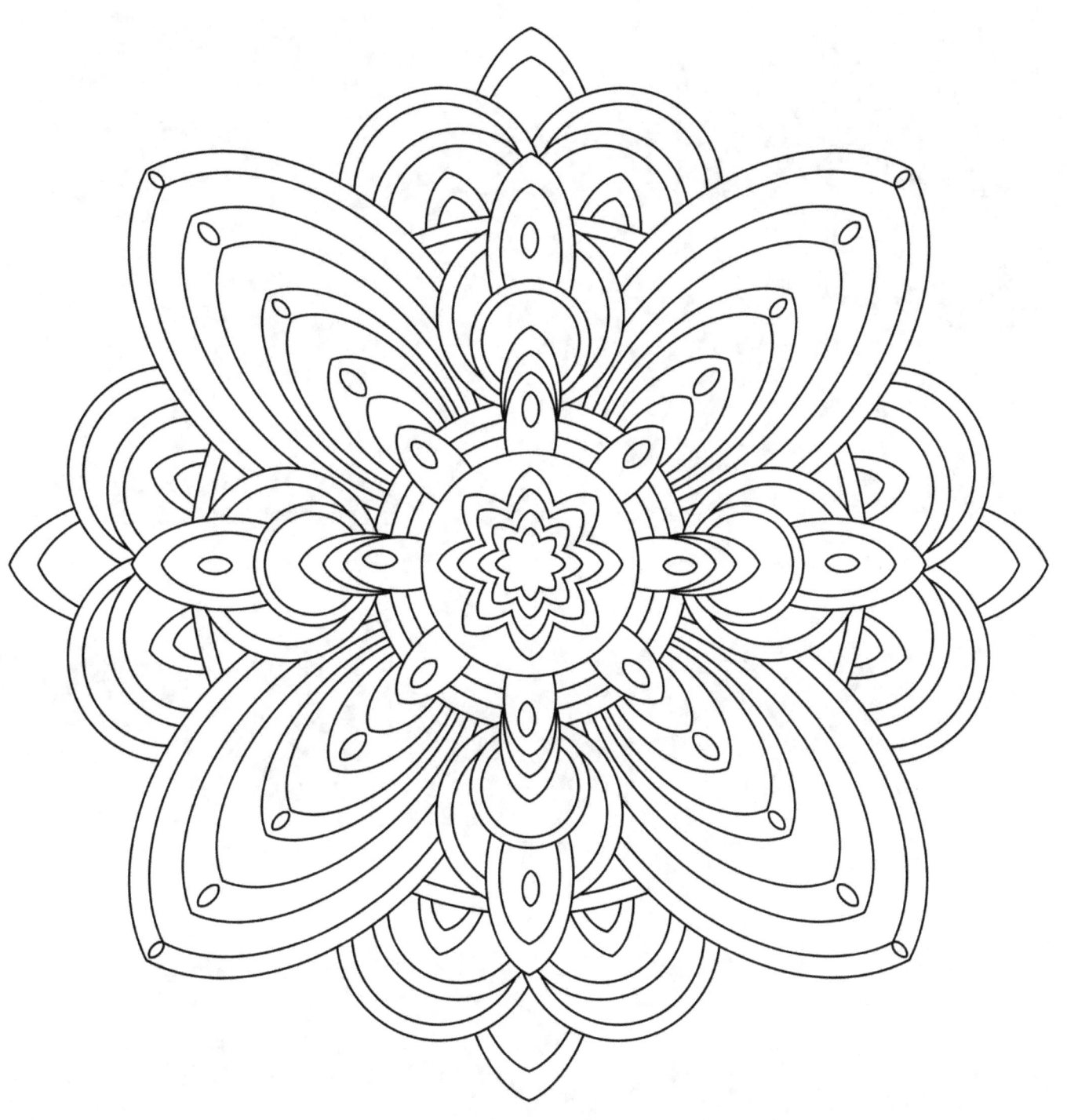

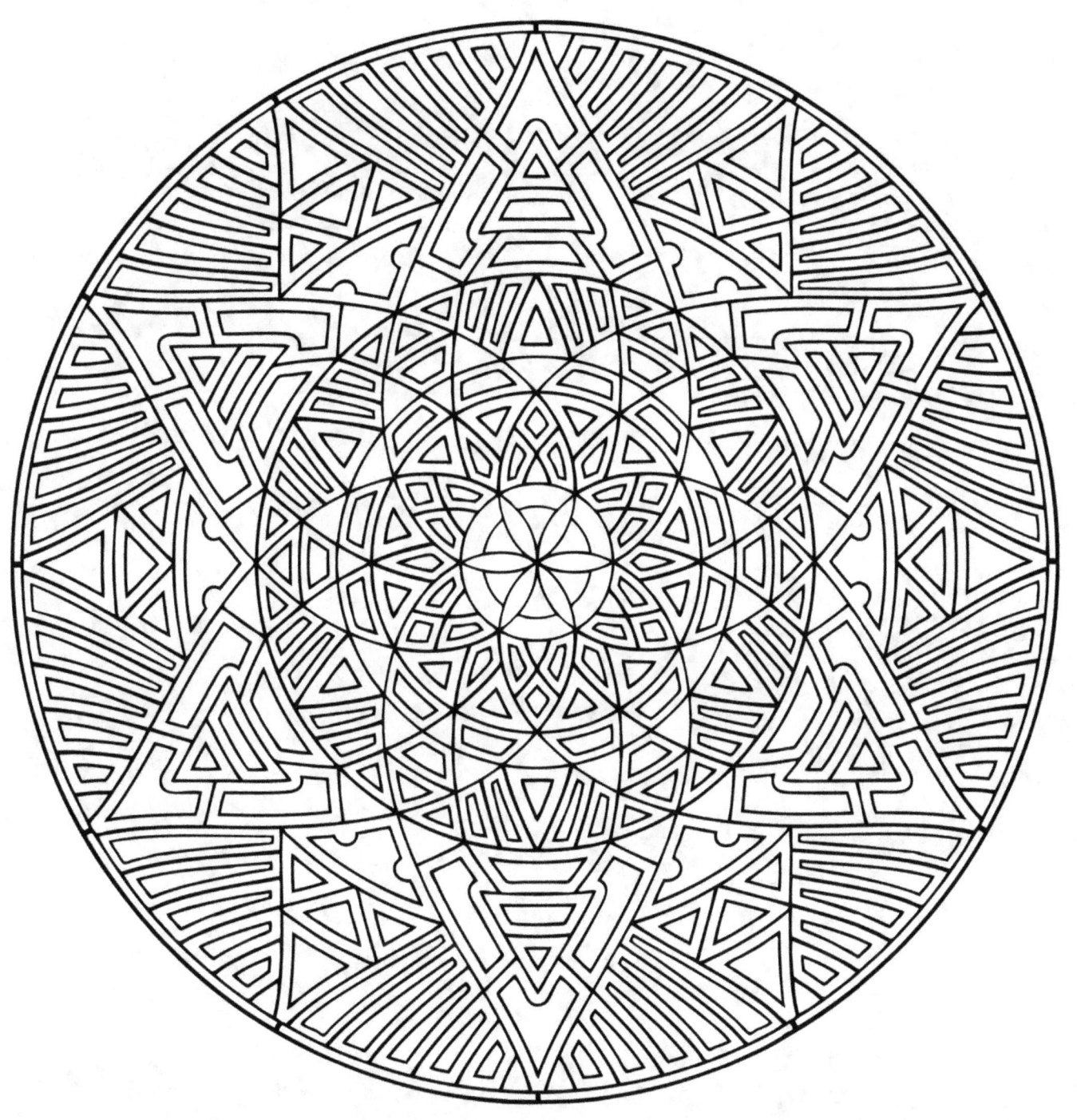

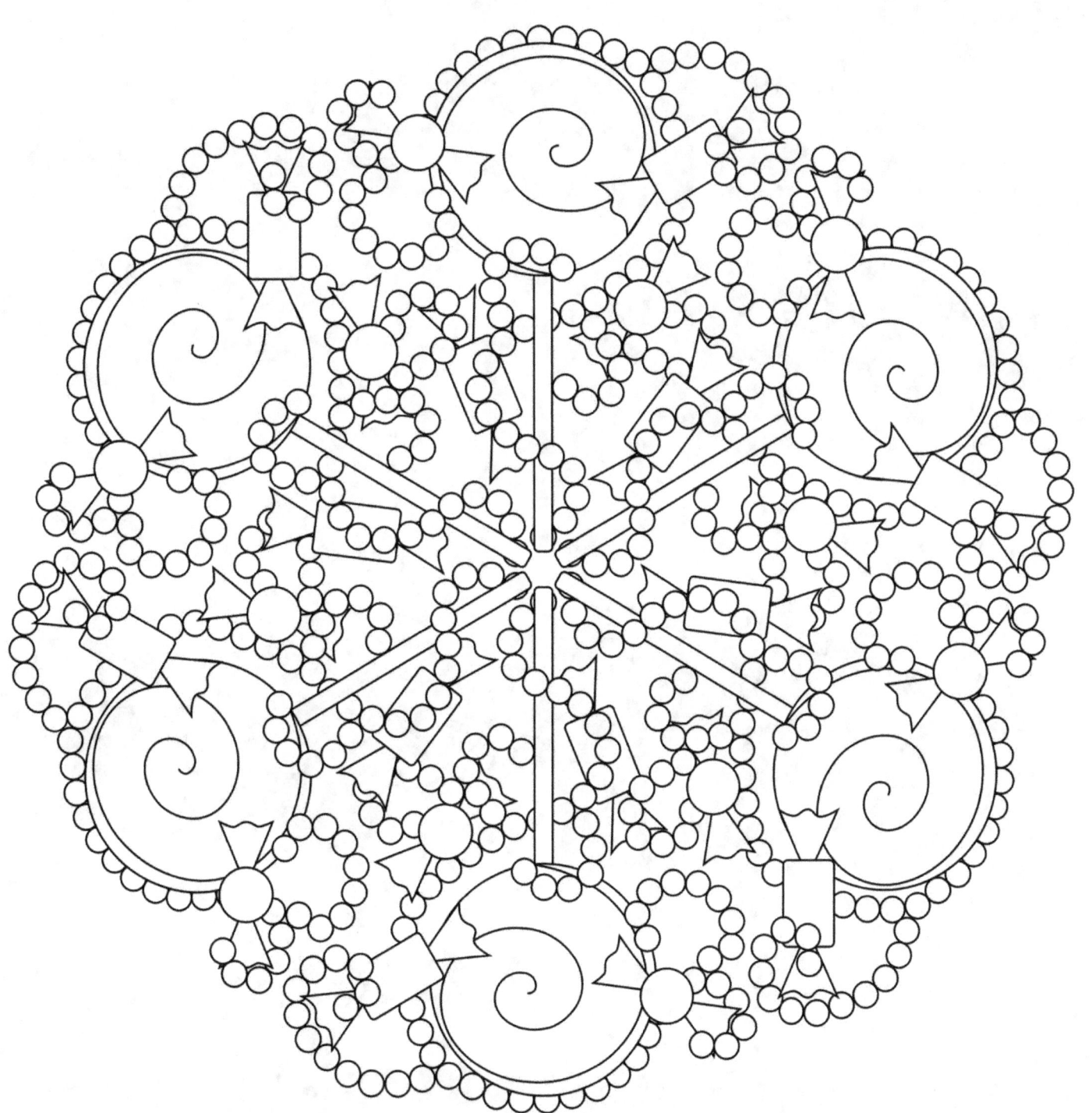

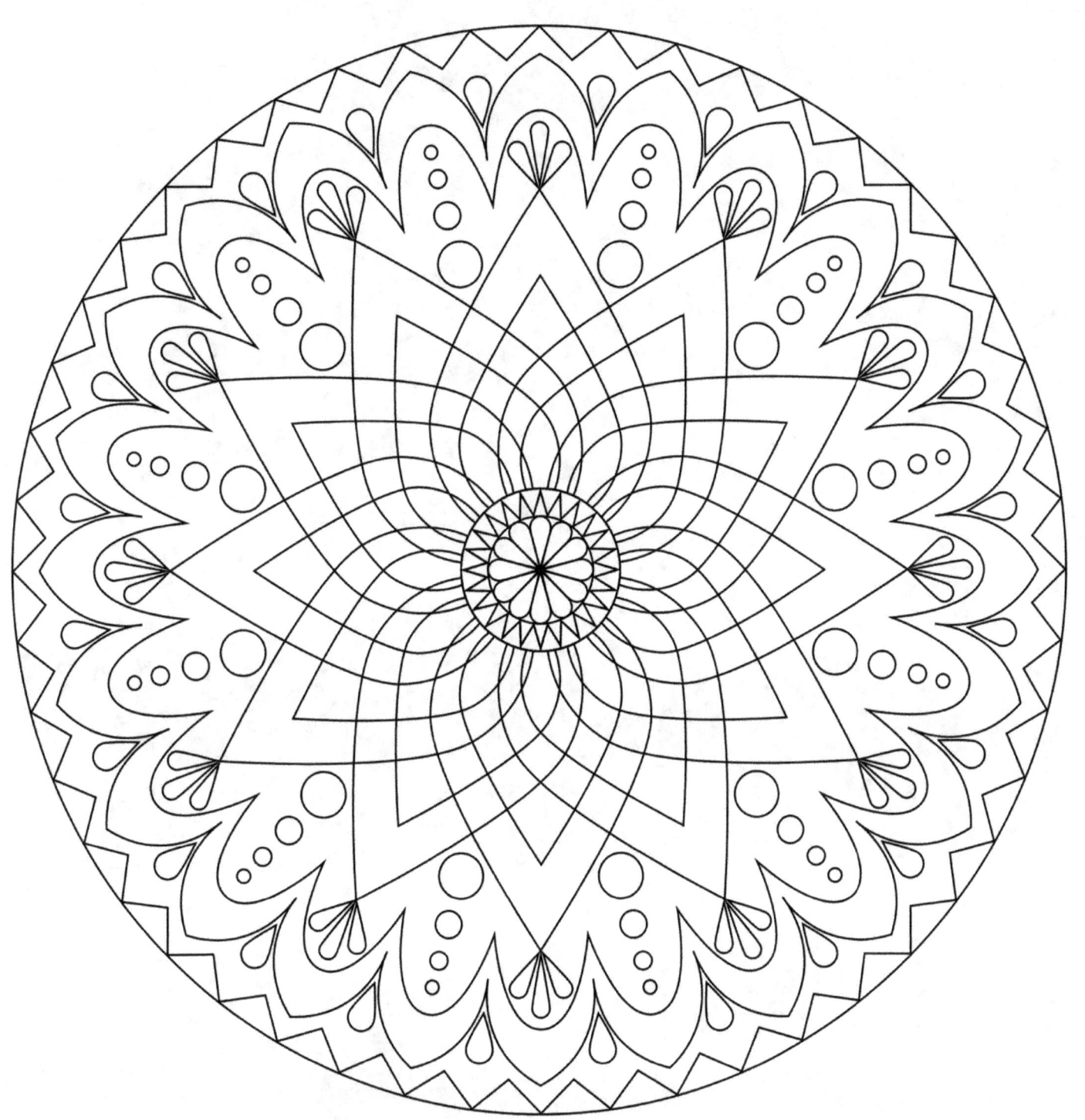

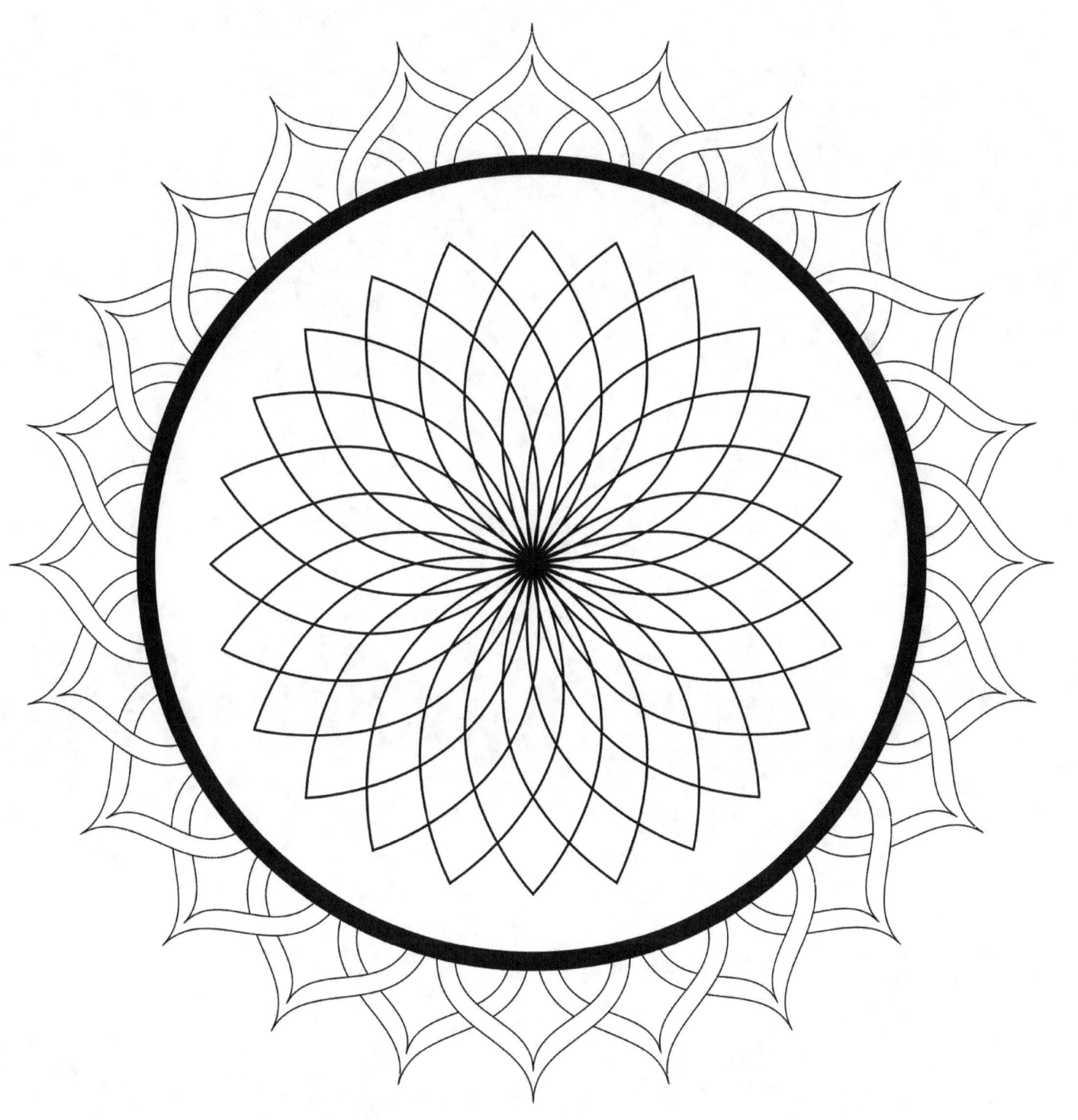

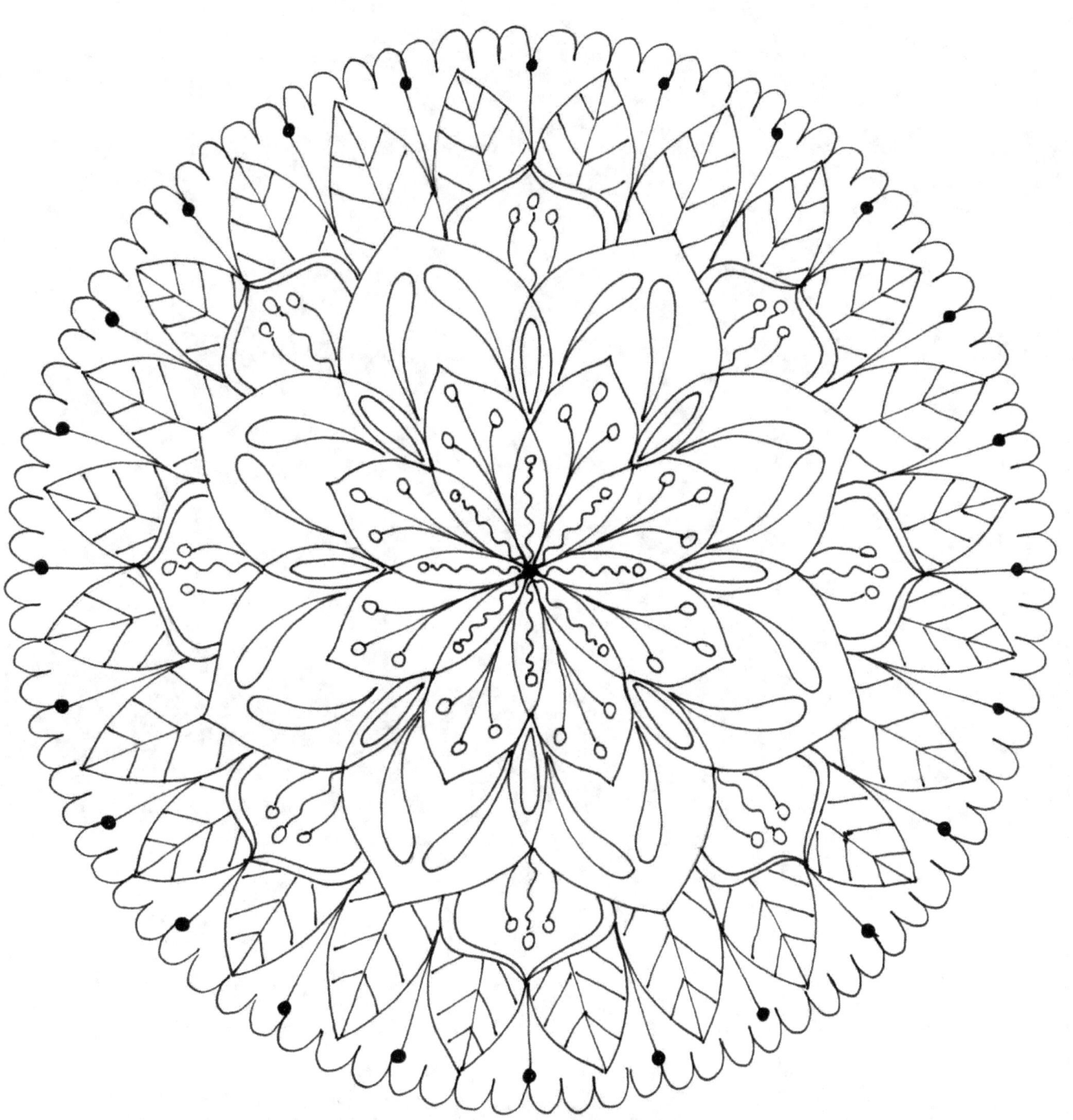

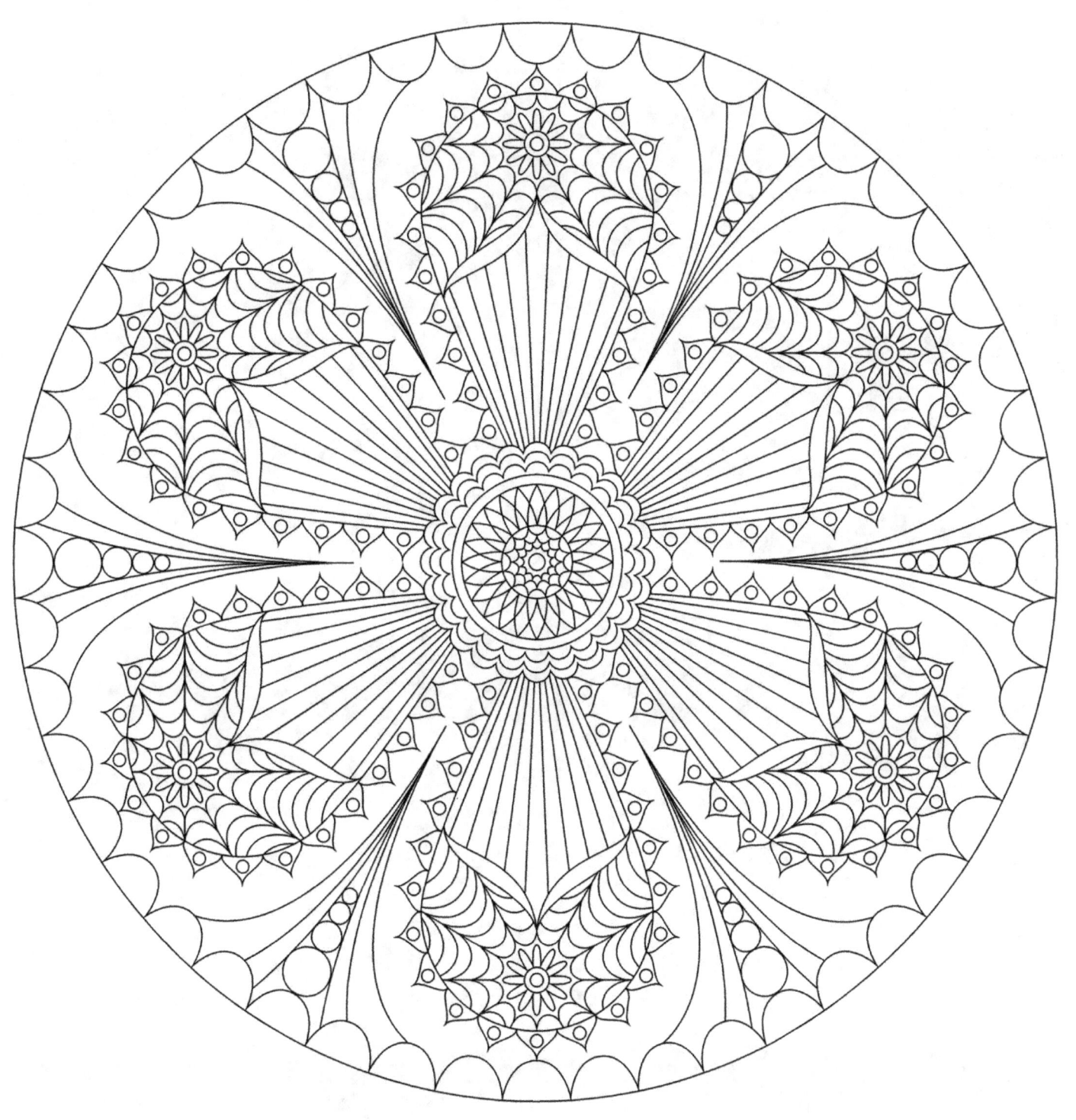

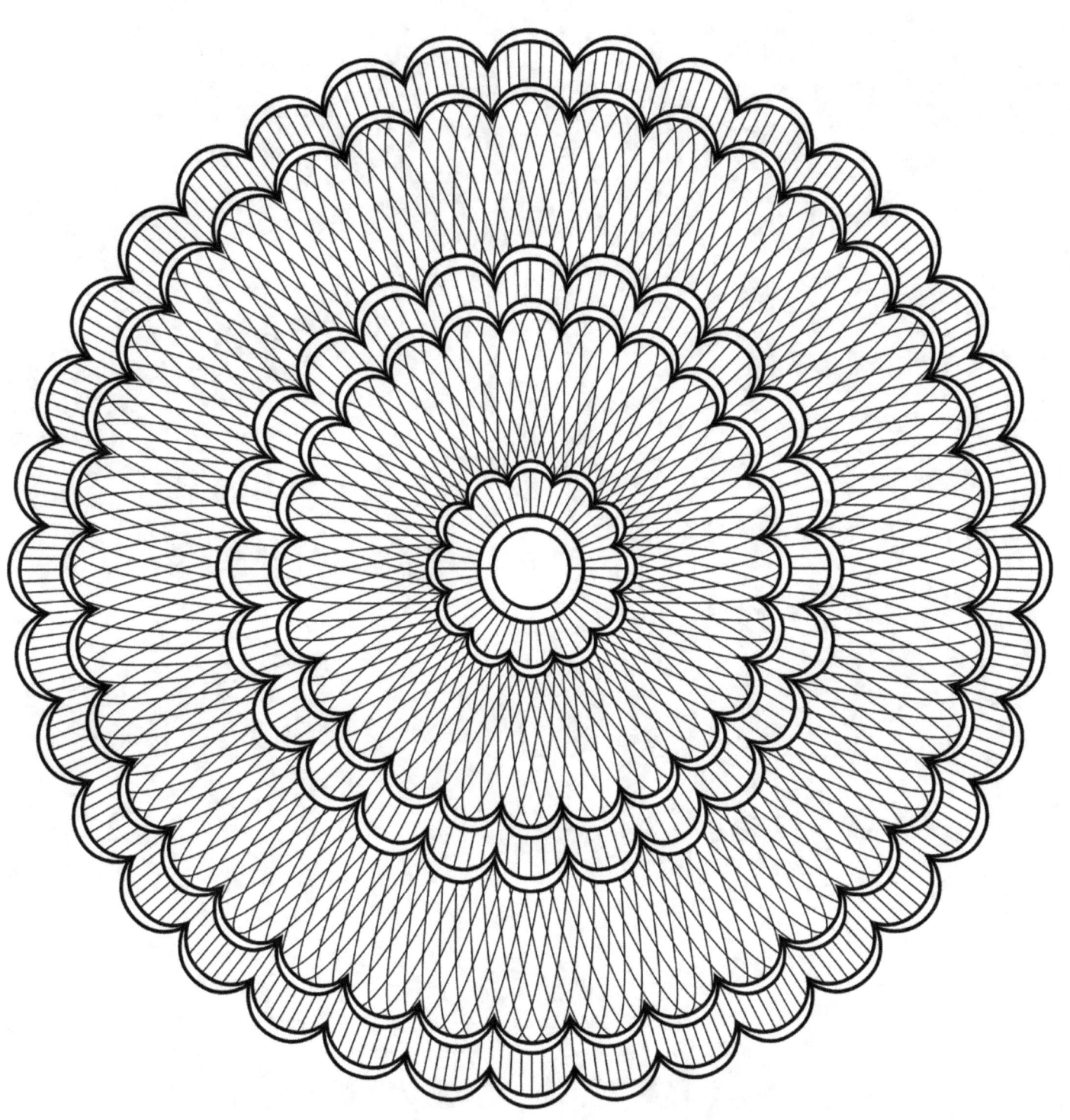

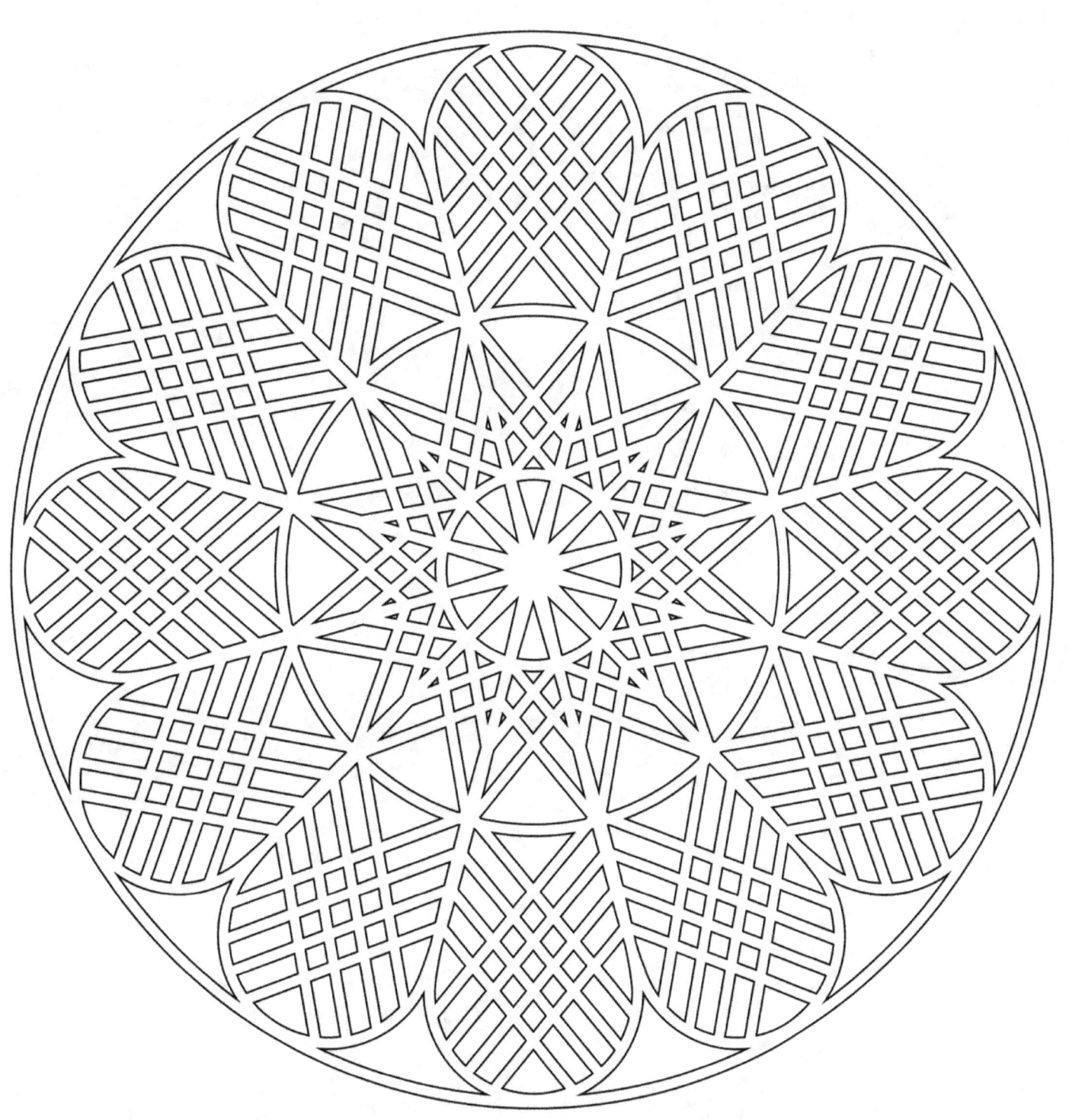

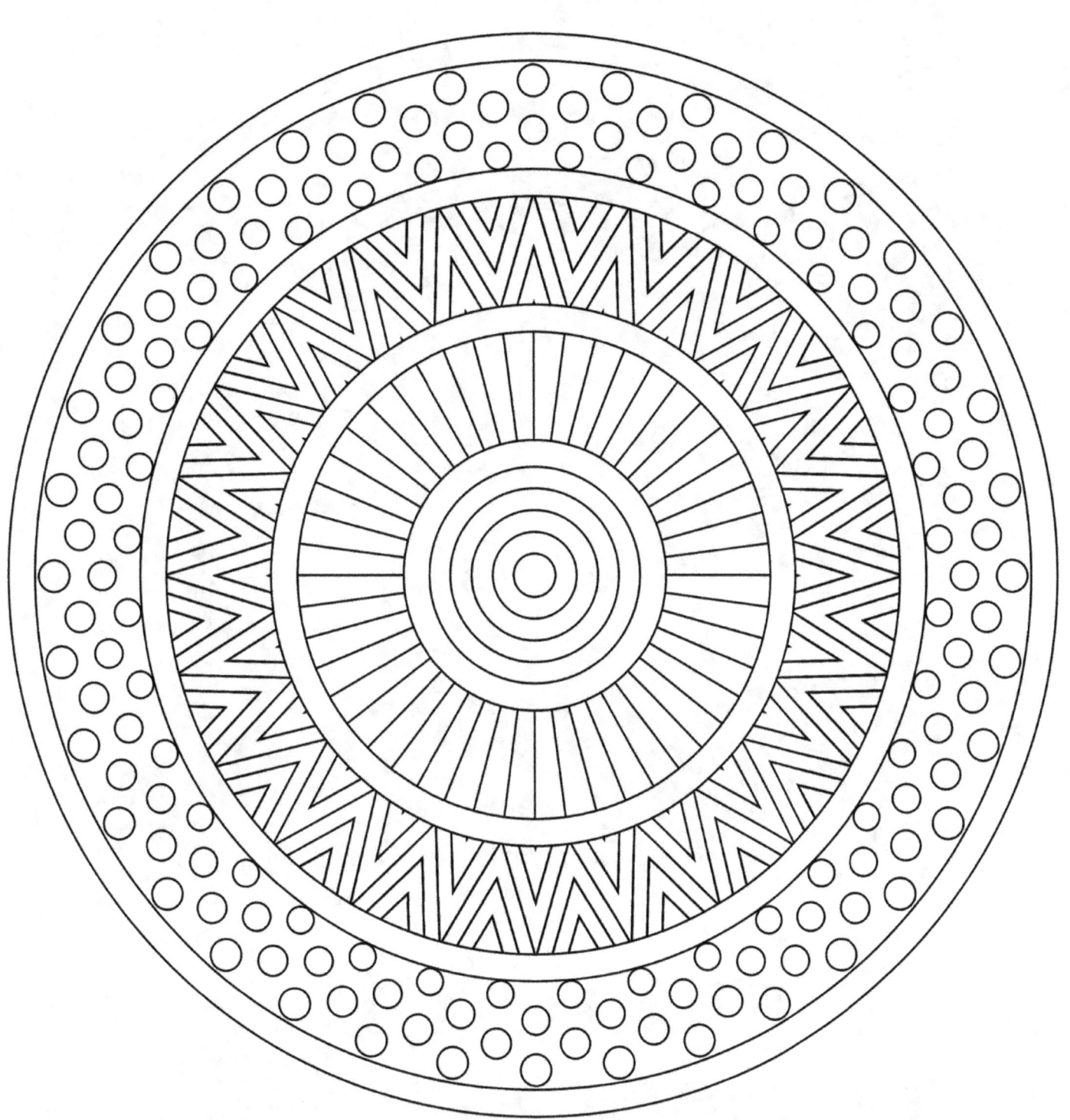

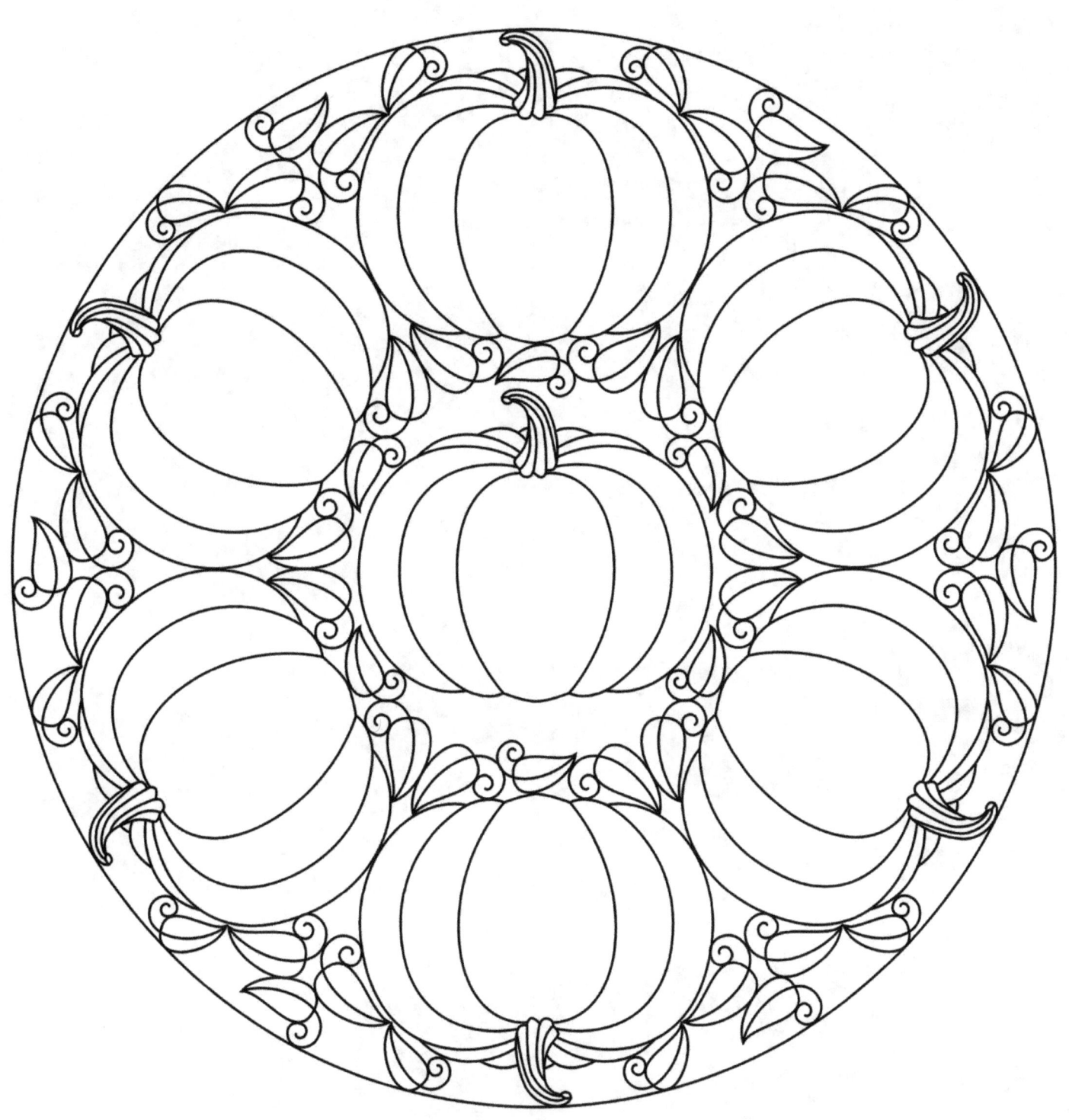

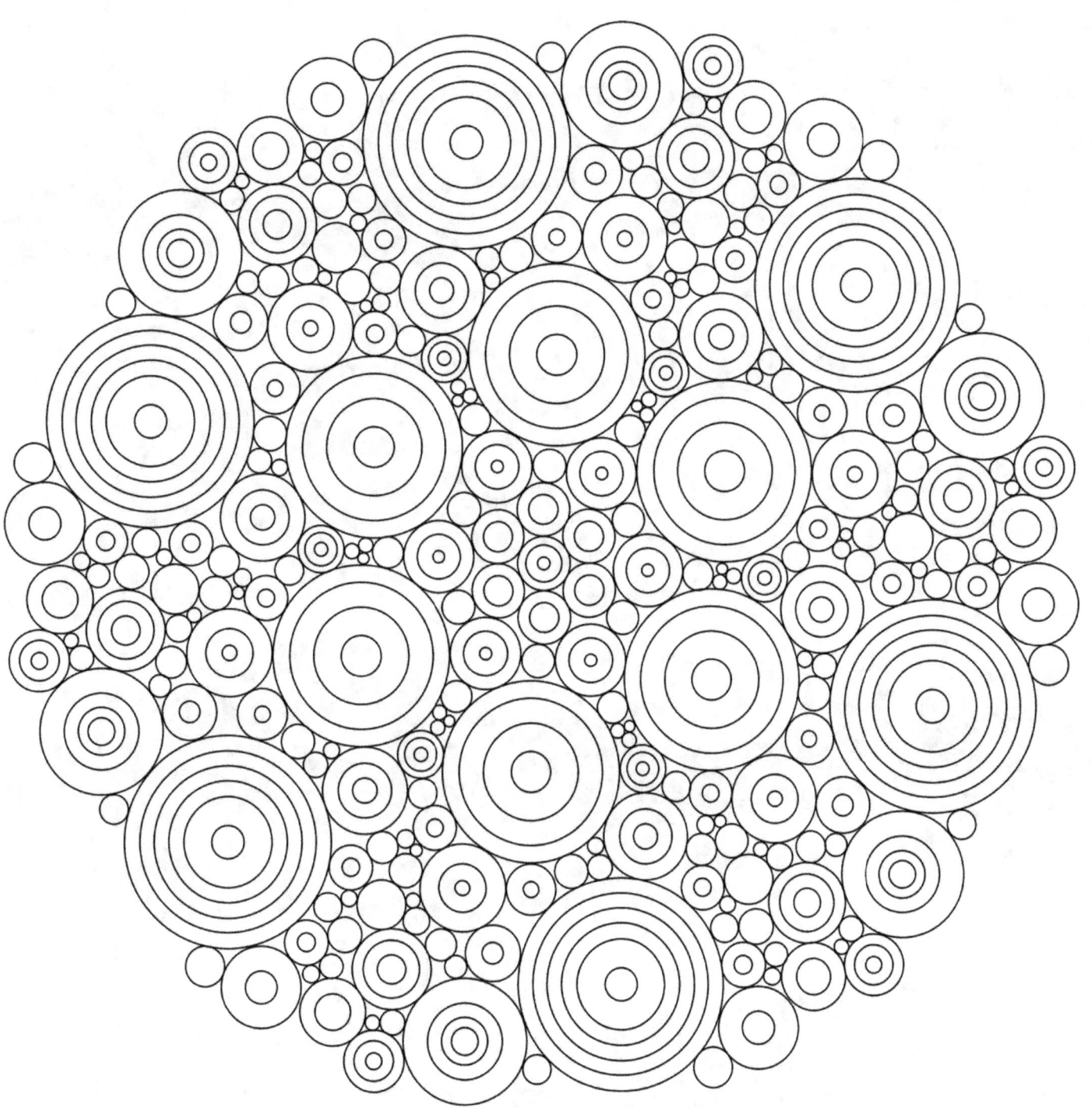

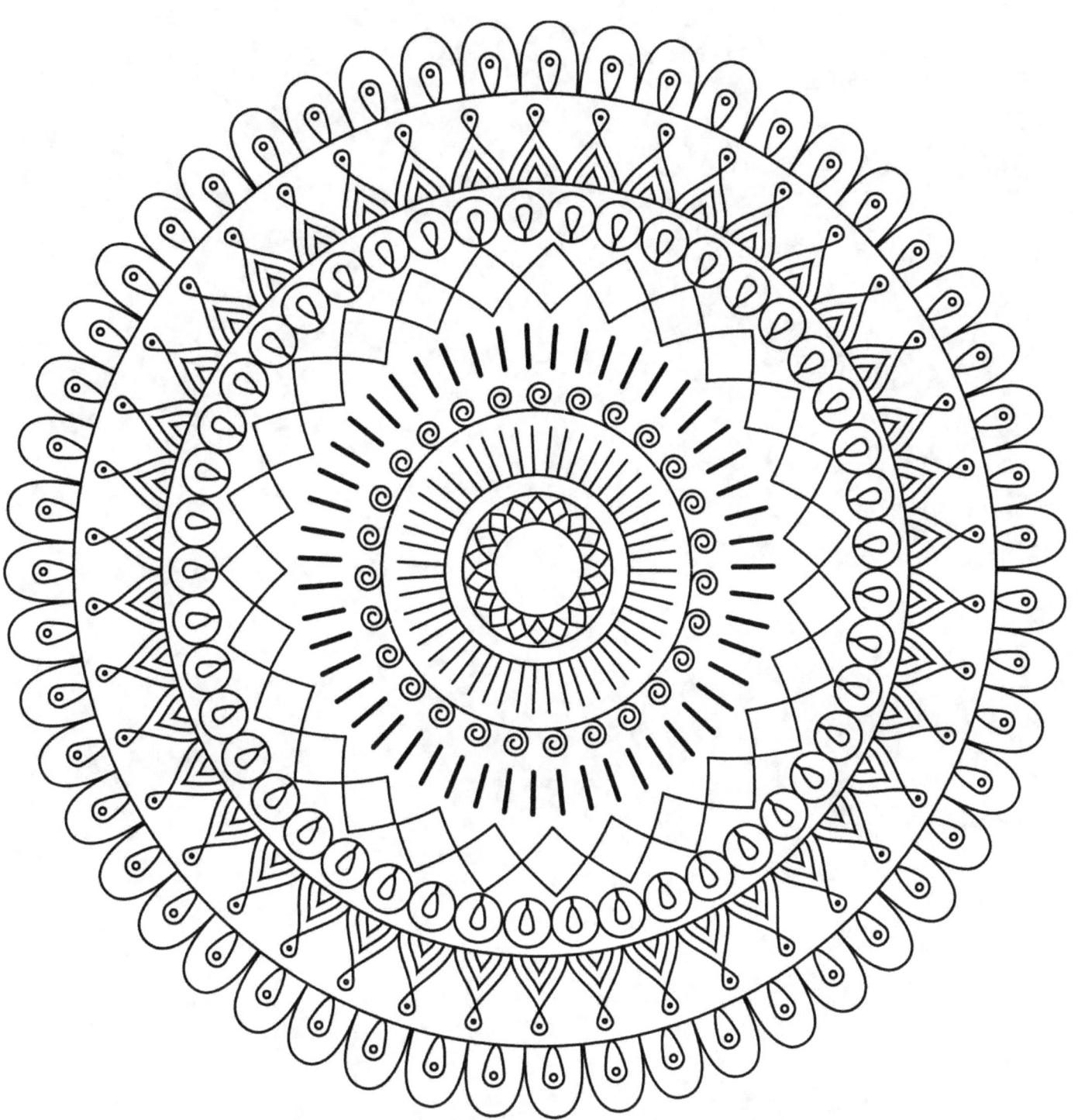

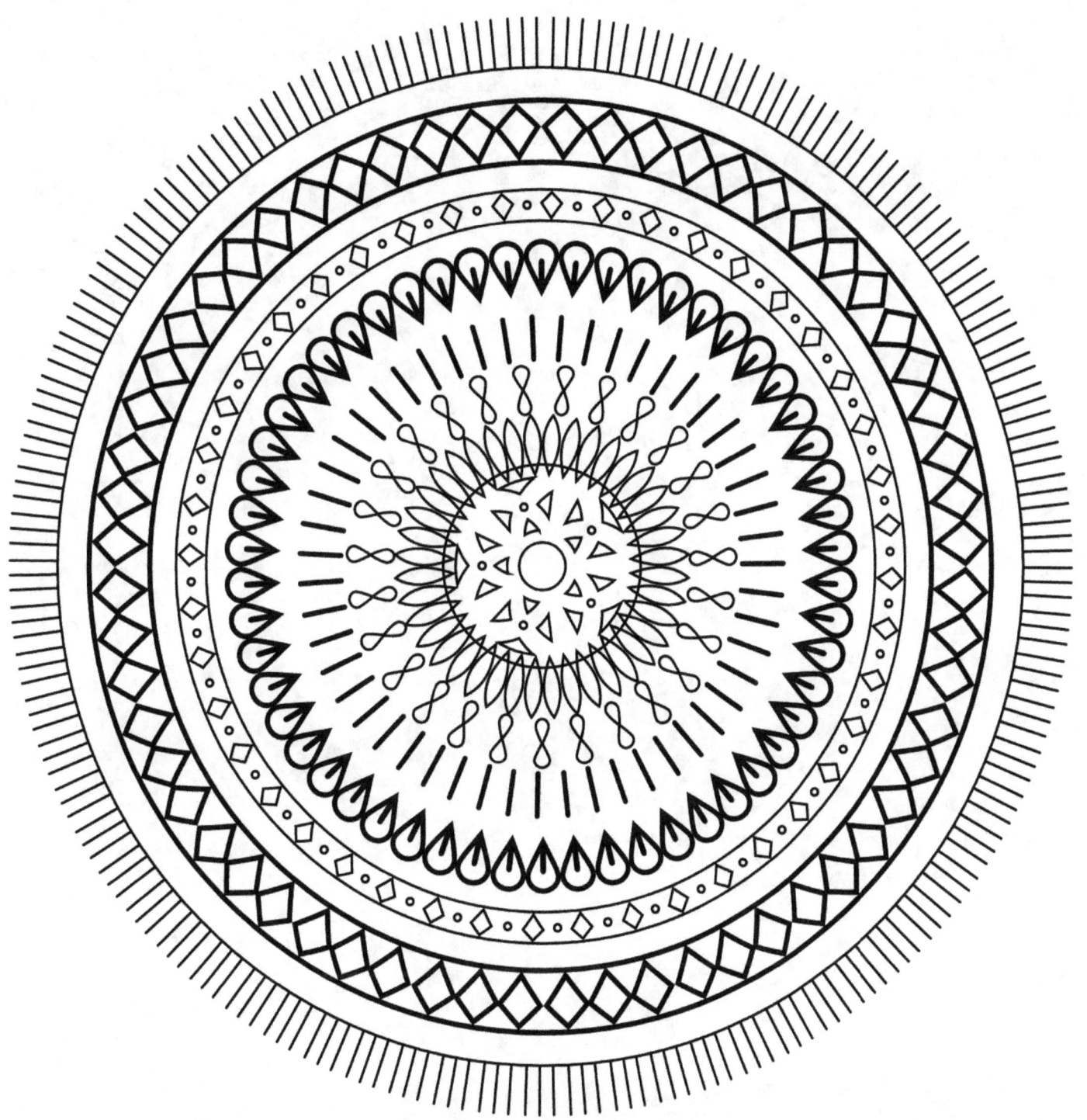

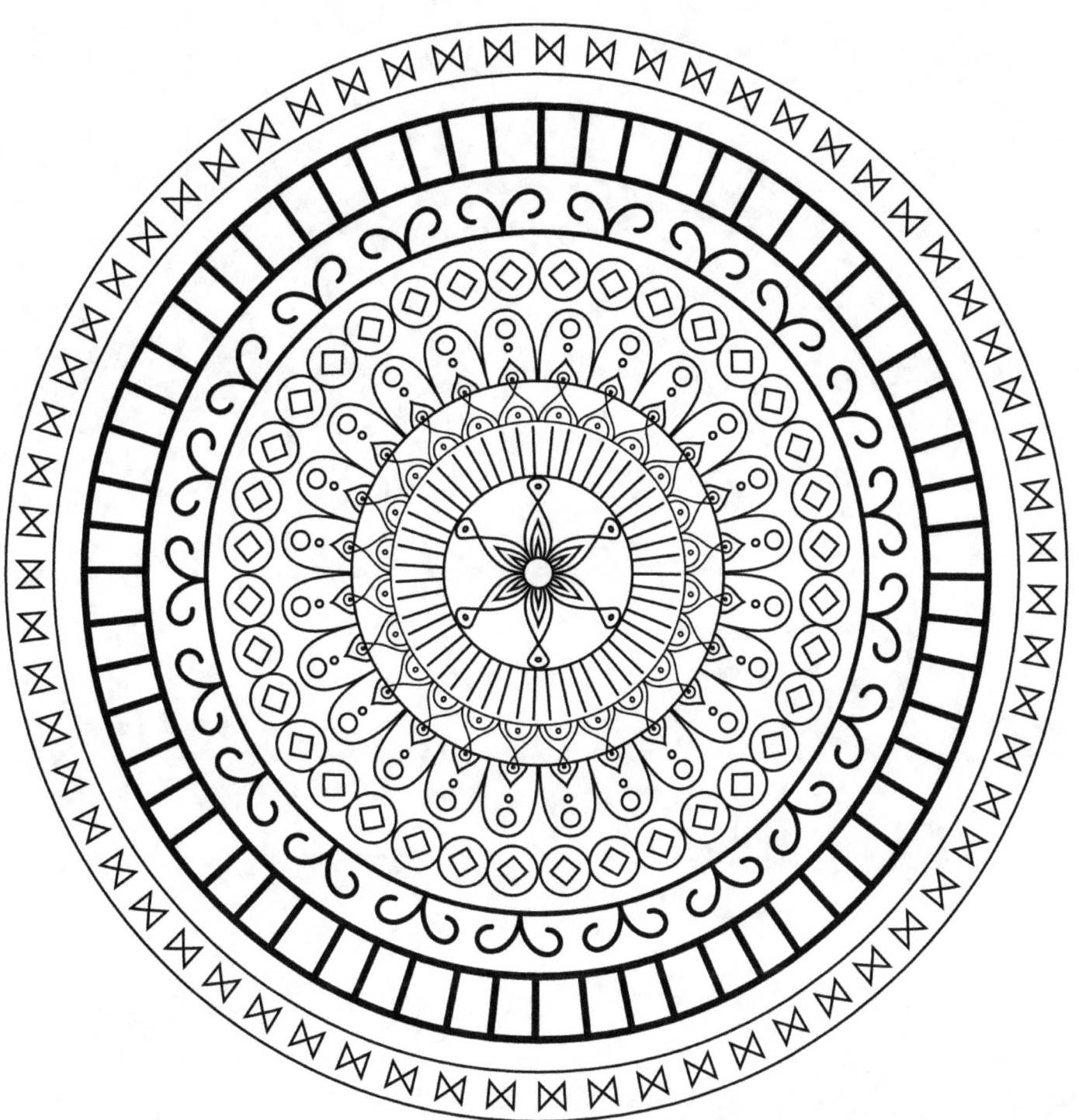

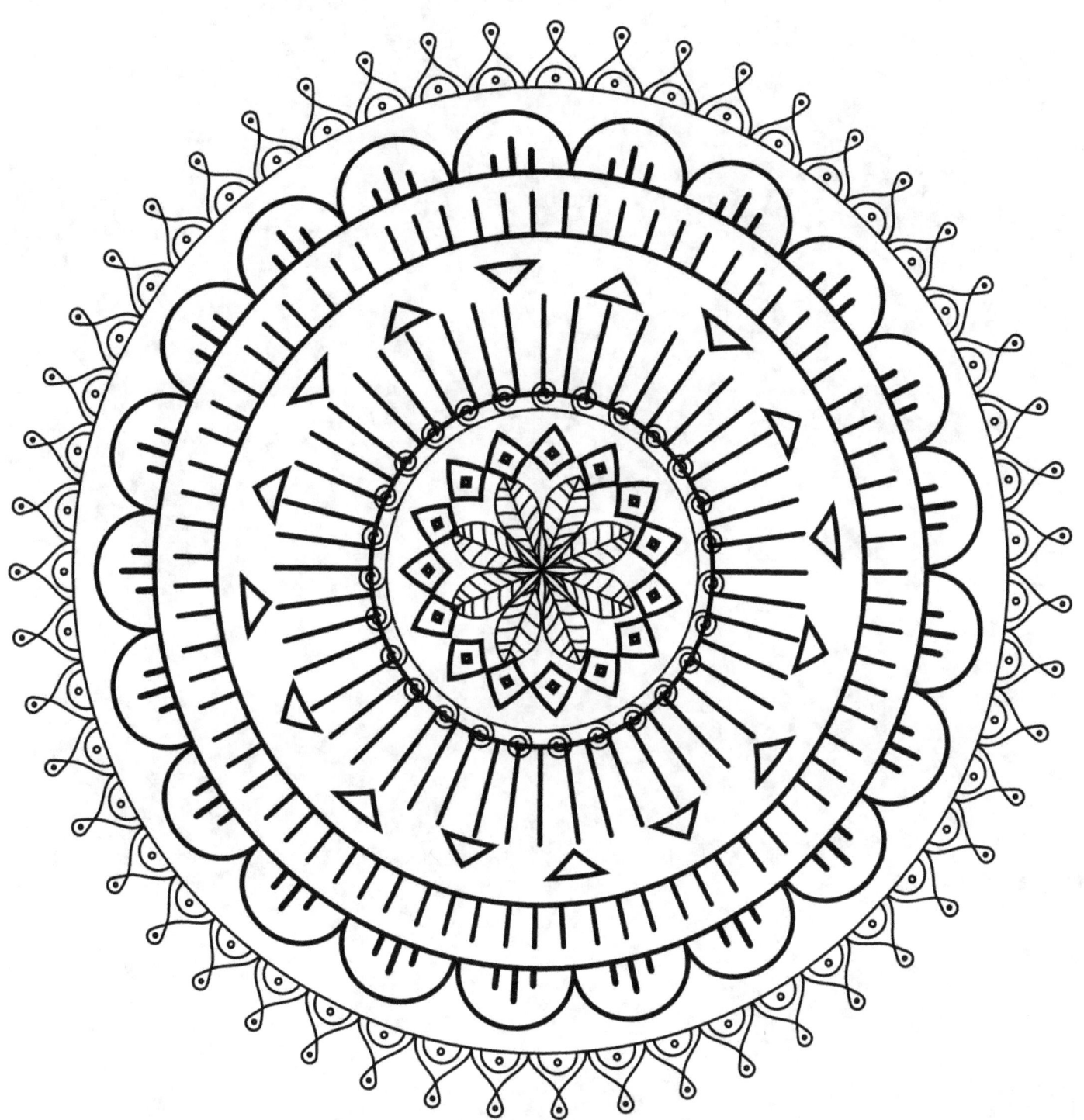

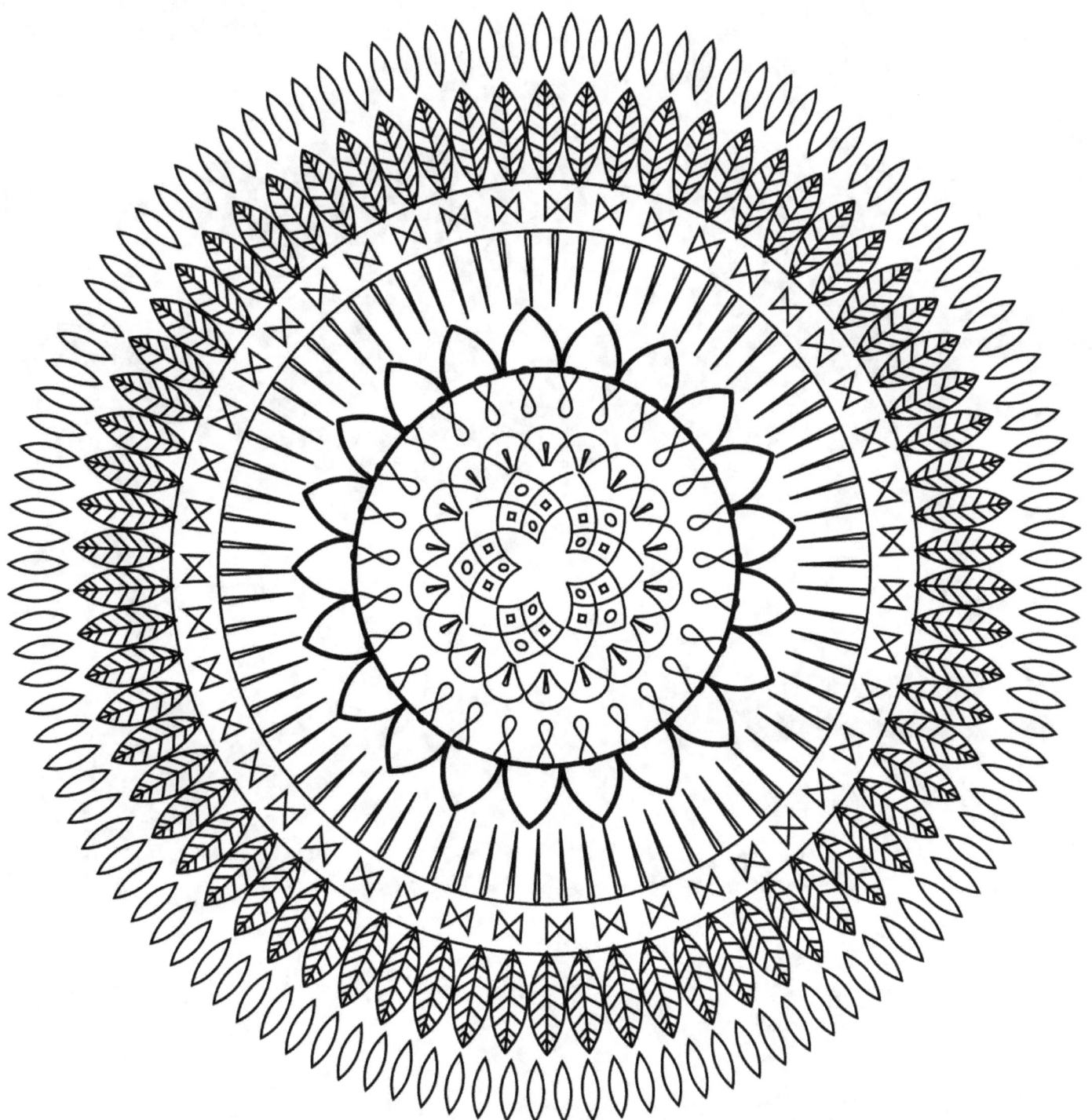

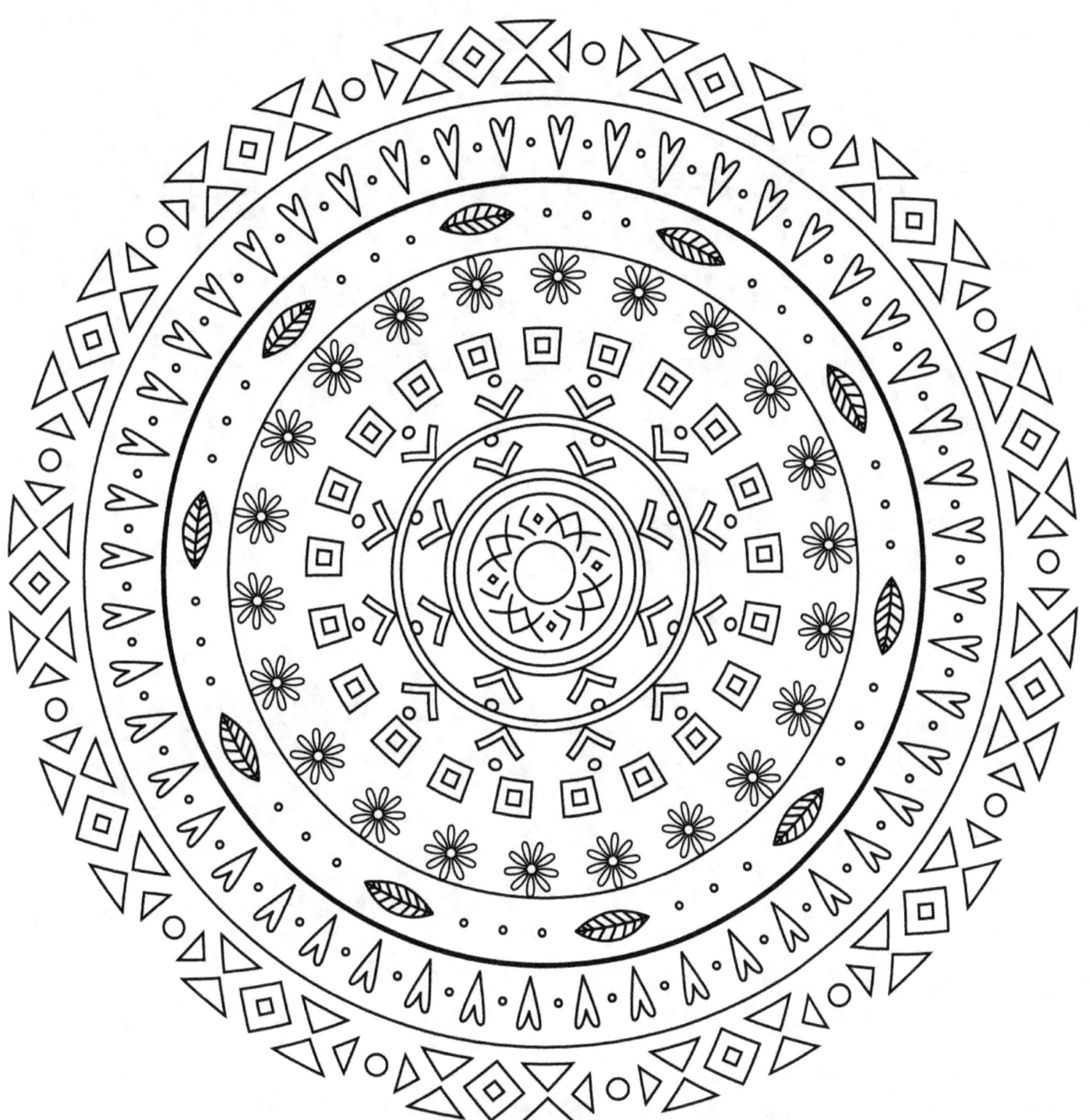

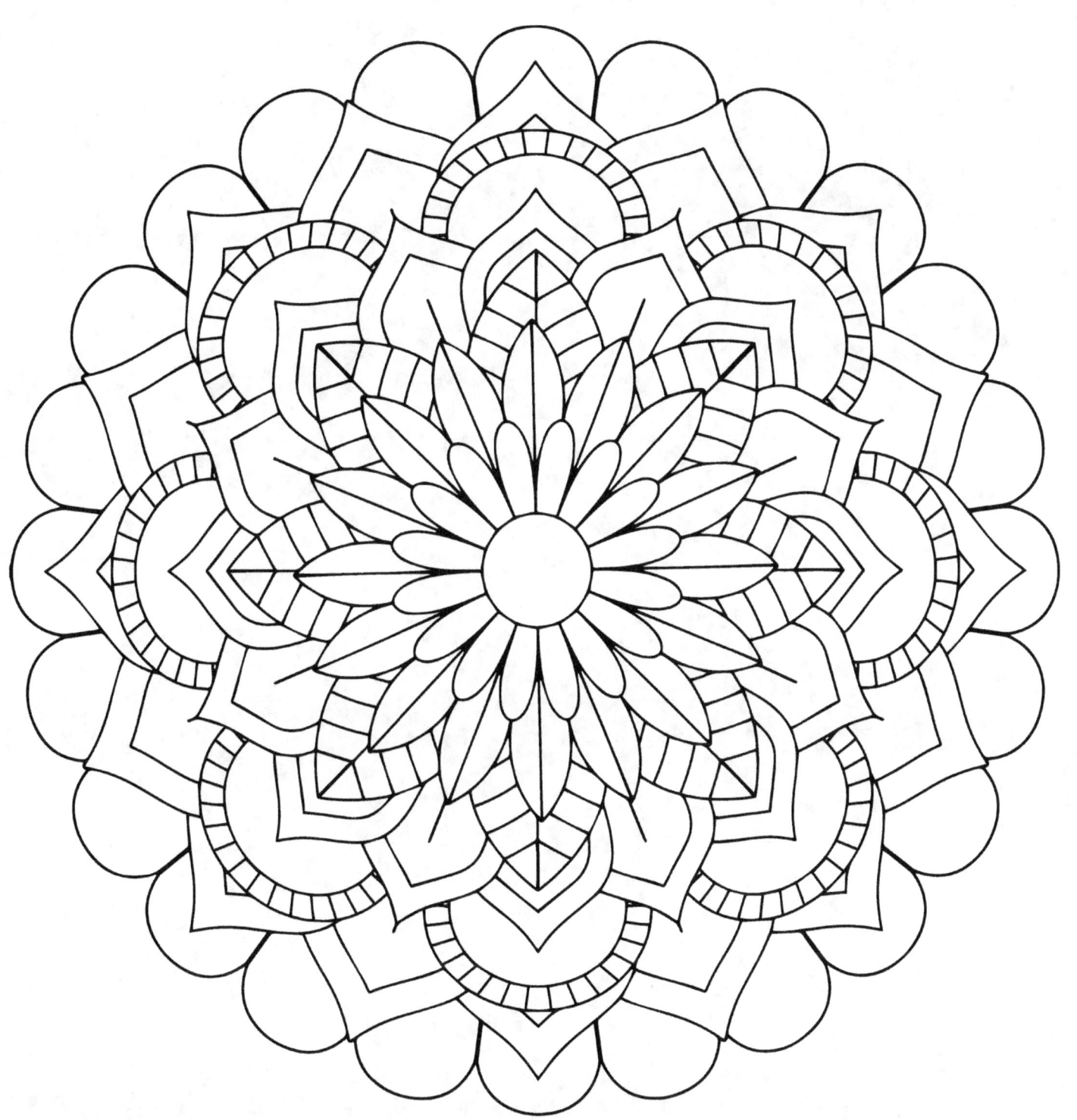

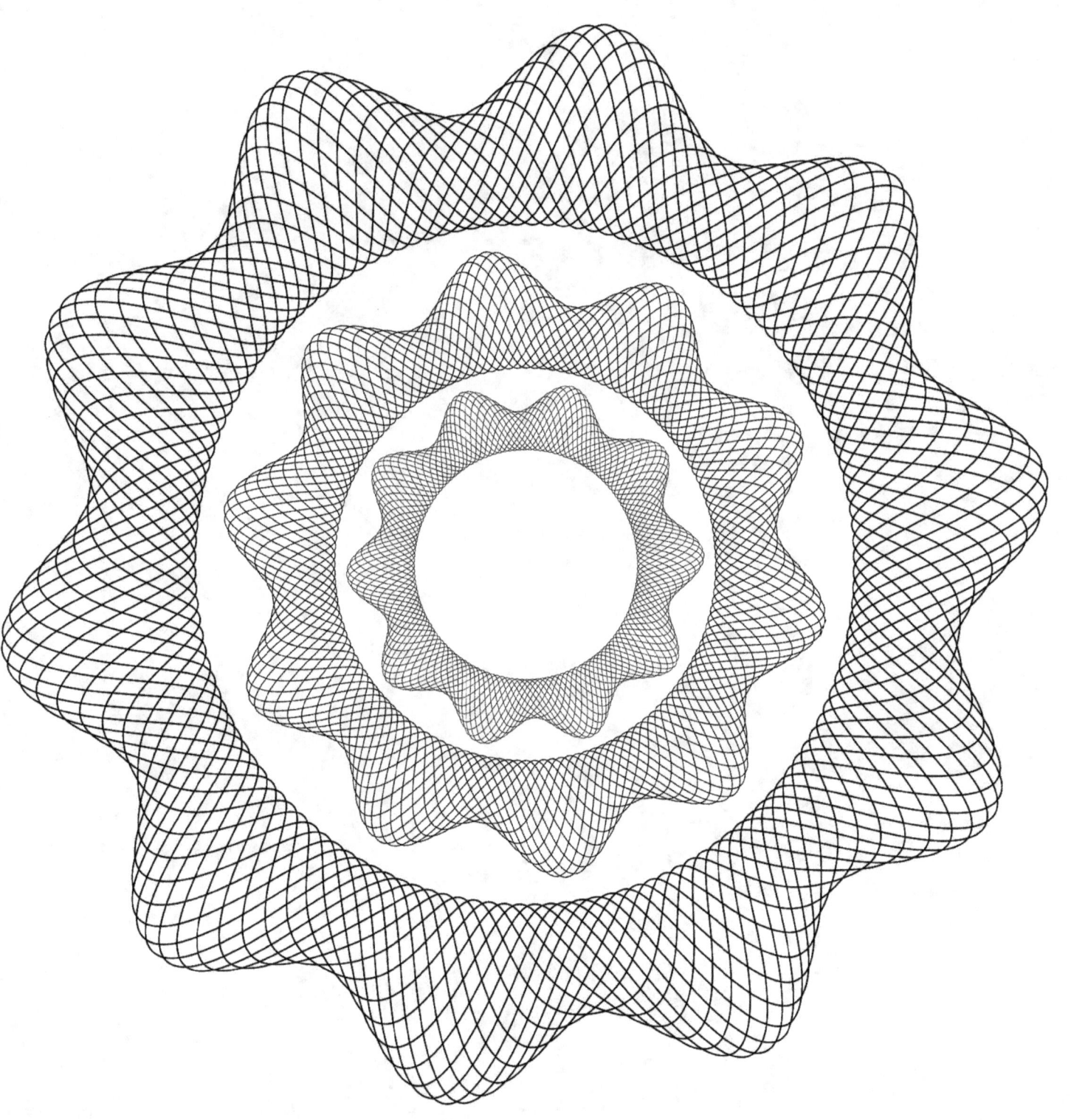

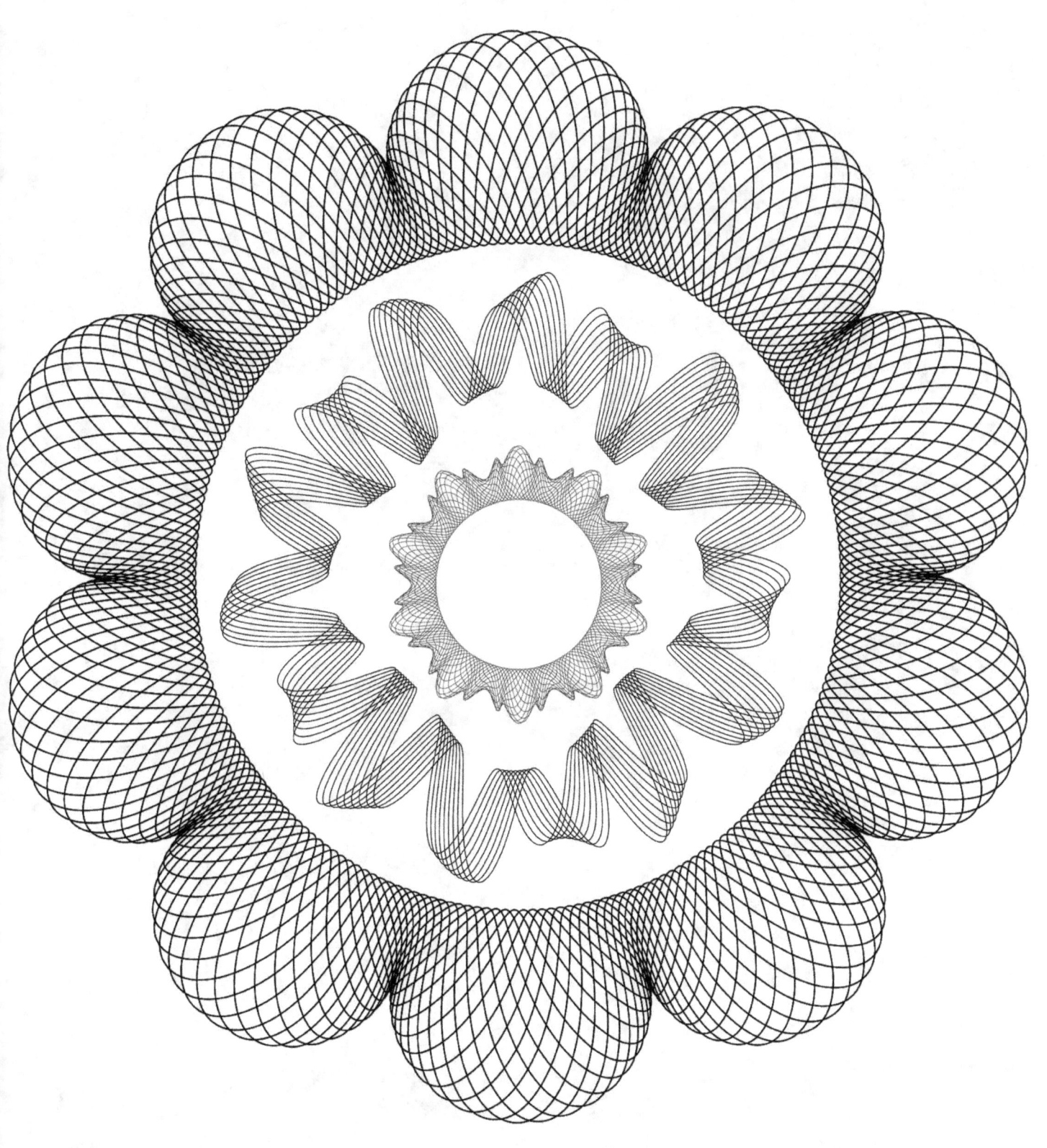

www.ingramcontent.com/pod-product-compliance
Lightning Source LLC
Chambersburg PA
CBHW060411220526
45465CB00008B/2843